龔道運著

文史哲學集成

先秦儒家美學論集

文史哲出版社印行

國立中央圖書館出版品預行編目資料

先秦儒家美學論集 / 龔道運著. -- 初版 -- 臺北市: 文史哲, 民82
面 ; 公分. -- (文史哲學集成 ; 274)
ISBN 957-547-192-X(平裝)

1. 美學 - 中國 - 先秦(公元前2696-211) - 論文,講詞等

180.92 82000857

㉗④ 文史哲學集成

先秦儒家美學論集

著 者：龔 道 運
出 版 者：文 史 哲 出 版 社
登記證字號：行政院新聞局局版臺業字五三三七號
發 行 人：彭 正 雄
發 行 所：文 史 哲 出 版 社
印 刷 者：文 史 哲 出 版 社
台北市羅斯福路一段七十二巷四號
郵撥〇五一二八八一二彭正雄帳戶
電話：三 五 一 一 〇 二 八

實價新台幣二六〇元

中華民國八十二年二月初版

ISBN 957-547-192-X

先秦儒家美學論集　目次

先秦儒家美學論集小引

儒家美學源遠而流長，在中國美學發展史上具有獨特的地位。拙著非一般性的美學史或美學概論，故於先秦儒家美學着重於闡發各家之特長。如孔子從妙慧之直感鑒賞樂之美，復由實踐理性評價樂之善，此足為後世儒者論樂的典範。孟子講道德美學，實能承傳孔子之義理而臻於精微；至其論詩，主張以意逆志，頗類於當代的接受美學。荀子別開生面，自心理學以從事審美。《樂記》則妙慧獨運，通感於禮樂交通所成視聽之美，以使情感行為藝術化；復於禮樂與宇宙交融為一之美，體味尤深。拙著於此等處特為措意。復次，拙著鄭重昭示：先秦各儒者之審美雖各得擅場，但大體以會通美善為歸依。其實，如從終極與圓融之境說，則美不但與善圓融為一，也與真融合無間。

美與真、善合一，不但是儒家的理想，也是西哲康德批判哲學的歸宿。但康德所講的真善美合一，不論在意義和取徑上都與儒家不同。康德透過反照判斷力和決定判斷力的分別，以為反照之審美判斷力所成之審美判斷，足以溝通自由（善）與自然（真）兩界，而使兩界諧和為一。康德溝通兩界的構思是否恰當，這是另一個問題；但他從概念上強探力索的取徑，却充分反映西方文化的精神。至於儒家則以道德實踐之心體為主導（荀子例外），以融和美與真於至善之中。自分疏上説，先秦儒家未能使美獨立成學，固然難以使之蔚成大國，而且對於中國純美學的發展也不無影響。但先秦儒家由道德實踐之心體以融合美與善以至於真，也確實凸顯中國文化的獨特精神。此則所關非細，足以發人深思。

拙著各篇或曾刊於學術專刊，或曾於國際學術研討會上宣讀。茲彙編成帙，藉便觀覽，并祈方家匡其不逮。又各篇拙文承蒙有關機構允許轉載，特此誌謝。

一九九一年十二月編校竟自識於新加坡國立大學中文系。

壹、孔子的美學思想㈠

一、樂是孔子美學思想的核心

孔子的美學思想，以樂爲核心。在論述孔子根據樂而展示他的美學思想之前，須簡略說明樂與其他藝術的關係。

在遠古，原始的歌舞（樂）和巫術禮儀（禮）完全結合在圖騰活動中。原始人舉行巫術儀式的時候，他們跳著舞，在各種敲打齊鳴共奏中，唱著歌詩或喊著咒語。（註一）到了文明日進，原始的圖騰活動才逐漸分化。其中原始歌舞成爲樂，巫術禮儀則成爲禮。（註二）但是，禮、樂從原始圖騰分化出來並不是同時的。據近人的考證，樂要比禮爲早。（註三）

在原始圖騰的活動中，歌、詩、舞三者本來就結合在一起。後來，樂從原始圖騰分化出來，還是和詩、舞維持密切的關係。《樂記》說：「歌，詠其聲」。（註四）歌是樂調的音節，它的形式美主要是用時間形象加以概括。但對時間的體驗很難用普通的範疇表達，只好借用空間的形式加以形象化。

《樂記》形容樂調的音節，常以色相比附。它說：「聲成文，謂之音」。（註五）這便把原本沒有廣袤的樂調音節勉強說成有幅度，也就是把用來概括樂調音節的時間形式貫通到空間形式（文）之中。樂調音節既然貫通時空的形式，那麼，樂便被舞所同化或吞幷。（註六）

至於歌和詩的關係也非常密切。詩本就有樂章一義。（註七）司馬遷說：

> 三百五篇，孔子皆弦歌之，以求合「韶」、「武」、「雅」、「頌」之音。（註八）

這裡的弦指的是琴瑟，歌一般是指口唱，同時也可用樂器伴奏。這可見樂和詩的密切關係。（註九）

上文說過，樂從原始的圖騰活動分化出來較禮爲早。在殷代的甲骨文中，樂字的出現不止一處。（註一〇）但是，到了周初，才正式把祭神的儀式稱爲禮。除了祭神的儀式外，禮還包括建築、雕刻與繪畫一類的所謂美術（plastic arts）。這在《周禮》中有明文記載。（註一一）在西周的時候，樂在人生教育中所占的分量要比禮來得重。到了春秋時代，禮樂雖然常常並稱，但禮的觀念卻較樂爲顯著。春秋由於偏重禮文，以致物極必反而流於形式。這不但使周初以來的禮流爲玉帛的虛文，也使樂只成爲鍾鼓之類的東西而徒具媒介物的意義。孔子曾慨嘆地說：

> 禮云禮云，玉帛云乎哉？樂云樂云，鍾鼓云乎哉？（註一二）

就樂而論，如果從廣闊的概念來看，那麼，可以借用杜威（John Dewey）的意思來解釋孔子的慨嘆：鍾鼓作爲媒介物並不就是藝術，它只是產生審美經驗的一種指示物而已。（註一三）但是，孔子不只是把樂的鑒賞活動看作一種廣闊概念的實踐經驗，而更在深度上賦予它一種文化的使命。具體地說，孔子踐仁以使人性昇華，再以仁去充實樂，以便補救當時樂的趨向於虛文。孔子最後更把樂安置在禮的上位。所以他說：

興于詩，立于禮，成于樂。（註一四）

孔子的話，確立了樂是他的美學的核心。（註一五）它是孔子講人格完成的最高境界，（註一六）同時也反映了孔子時代的文化現象。

二、孔子對樂的鑒賞

㈠對樂的形式結構的鑒賞

樂的形式主要是以時間形象加以概括。從時間方面說，樂有兩個主要的特點，就是節奏和旋律。它們的全部意義有賴於它們的相互關係。具體的音樂結構、動機就是兩者不可分割的統一。孔子對樂的結構曾經受過很好的訓練。

孔子學鼓琴師襄子。十日不進。師襄子曰：可以益矣。孔子曰：丘已習其曲矣，未得其數也。有間，曰：已習其數，可以益矣。（註一七）

孔子隨師襄子學習「文王操」樂曲，首先學習它的結構和節奏，這兩方面都是屬於樂的技術問題而可以知性加以掌握。

孔子既然在樂的結構方面受過充分的訓練，所以他對樂的結構曾經有生動的描述：

子語魯大師樂曰：樂，其可知也！始作，翕如也。從之，純如也。皦如也，繹如也。以成。（註一八）

從表面上看，孔子似乎是從客觀上以知性探究音樂結構的本質，實際上並不盡然。因爲他同時也從切身的體驗中以妙慧之直感鑒賞樂音運動形式的結構：開始時，各種音一齊奏起。展開以後，協調著向前演進，音調純淨。接下來，聚精會神，達到高峰，主題突出，音調響亮。最後，收聲落調，餘音裊裊，情韻不絕，樂曲在意味雋永中完成。（註一九）

樂在時間之流中，表現節奏的和諧，固然有它的規律；但在規律中也顯現出錯綜的變化。孔子向魯大師所說的翕、純、皦、繹之間便是一種有規律的變化。這種對錯綜變化的形式的體會，是中國古代審美趣味的一個特徵。（註二〇）

(二)體味樂以表現情感爲內容

鑒賞樂曲從開始到結束時的演奏過程，予人一種無上的美感。孔子曾經形象地形容他的體驗：

子曰：師摯之始，「關雎」之亂，洋洋乎盈耳哉！（註二一）

始是升歌，是樂曲的開端；（註二二）亂是合樂，是樂曲的結束，（註二三）也是高潮的所在。（註二四）從樂曲開始演奏到結束時演奏「關雎」之亂而達到高潮，顯示樂曲在時間之流中，以變化的和諧的節奏傳達作者強烈的情感，於是讓孔子的情感在審美的心理過程中受到很大的感動，因而贊美它「洋洋乎盈耳」。從表面上看，孔子的話似乎只是對樂曲聲調的感受；但往深一層看，一個人的樂感必須以主觀的妙慧之直感爲基礎。上文說孔子對樂曲的結構並不純客觀地去探究它的本質，而同時從體驗中加以鑒賞，在這裡便得到很好的說明。再說，我們從孔子鑒賞樂曲所獲得的情感經驗中，似乎可以作這樣的推論：在孔子的心目中，樂是以表現情感作爲它的內容的。這種推論，並不是出於臆測，而有文獻作根據。上文引《史記・孔子世家》記載孔子隨師襄子學習「文王操」樂曲，首先學習它的歌曲結構，再學習它的節奏。這兩方面都是屬於樂的技術問題，可以藉知性加以掌握。再進一步，孔子則以妙慧之直感體味「文王操」的志。（註二五）什麼是志呢？志就是情（感）。《左傳・昭公二十五年》：

> 民有好、惡、喜、怒、哀、樂，生于六氣，是故審則宜類以制六志。（註二六）

杜預《注》：

> 爲禮以制好、惡、喜、怒、哀、樂六志，使不過節。（註二七）

孔穎達《疏》：

> 此六志，《禮記》謂之六情。在己爲情，情動爲志，情志一也，所從言之異耳。（註二八）

可見志可以釋爲情。孔子體味「文王操」的志，也就是體味它的情。孔子既然由妙慧之直感進一步去體味「文王操」所表現的情感，那麼，我們自然可以說在孔子的心目中，樂是以表現情感作爲它的內容。不過所謂表現，不可解釋爲像文字那樣明白地表現，而應理解爲音樂藉特殊方式，把情感傳達給聽者。再說，樂的表現方式，既不是訴諸知覺，也不是訴諸觀念，而是直接訴諸情感。

㈢以妙慧之直感鑒賞樂的內容美

孔子不但是個具有強烈樂感的人，而且對音樂具有專門的知識和訓練。自周道衰微，鄭、衞之音作。孔子由衞反魯而正樂。那時師摯剛好在魯擔任樂師，兩人配合無間。（註二九）所以據邢昺說：上引《論語・泰伯》那一章正說明孔子贊美正樂之音。（註三〇）這樣看來，孔子除了體味樂以表現情感爲內容之外，還以妙慧之直感去鑒賞它的內容美。以下且再引《論語》另一章以便更具體地加以說明。

子在齊，聞「韶」，三月不知肉味，曰：不圖爲樂之至于斯也。（註三一）

邢昺注解這一章，說：

案《禮樂志》云：夫樂本情性，浹肌膚而藏骨髓，雖經乎千載，其遺風餘烈尚猶不絕。至春秋時，陳公子完奔齊。陳，舜之後，「韶」樂存焉。故孔子適齊，聞「韶」，三月不知肉味，曰：不圖爲樂之至于斯，美之甚也。（註三二）

據此，可見孔子把從「韶」所得到的情感經驗（內容），以妙慧之直感進一步加以鑒賞。在原則上，我們如果爲了評價的目的，把一首樂曲的內容抽出來理解，這種做法注定是要失敗的。因爲人們所描述的，只是變形作用的官能把音樂轉變成的情感經驗而已；即使如此，用音樂極其準確地表達的強烈的個人經驗，在文字上也只能用類似於「興高采烈」——就像孔子所使用的「不圖爲樂之至於斯」——來加以描述。雖然這些詞滙的意義在知性上是明確的、可下定義的，但把它們用來描述情感的極其細微的差別、層次、色調時則嫌過於籠統而不準確。但是如果把文字作爲一種有助於把音樂作爲一個統一體

——在音樂形式中的情感——來鑑賞的線索，而不是作爲一種取得音樂的意義或信息或概念的方法的話，那麼，這種做法還是可行的。（註三三）

㈣鑑賞樂的積極心理活動

其實，孔子對「韶」的鑑賞，並只是以知性描述它的內容，也不只是消極被動地接受，而是具有積極的心理活動。《史記・孔子世家》記載孔子在齊鑑賞「韶」時，在「三月不知肉味」句上有「學之」二字。（註三四）這表示孔子曾經學習過「韶」。他的目的不外想了解創作的甘苦，以提高對「韶」的感受能力。在美學史上，許多學者極力證明美和美感的一元性，想用一個簡單定義來概括它，但卻無法解釋藝術創造和鑑賞心理的複雜現象。近人金開誠認爲美和美感是多元的，其中有一種美是人的創造力的顯現，有一種美感便是人對這種創造力的驚異和鑑賞。因此，了解藝術創作的甘苦便成爲審美活動的一個重要環節；否則，欣賞者就難以深入體會創作者表現了何等的創造力，因而對他的作品所表現的美也不會有深刻的感受。（註三五）這樣說來，孔子學習「韶」以增加美感，便使我們對美感是多元性的說法，有很大的啓示作用。

㈤鑑賞武和韶的盡美

要提高對藝術的感受能力，除了了解創作的甘苦外，還須對藝術品進行比較。

子謂「韶」，盡美矣，又盡善也；謂「武」，盡美矣，未盡善也。（註三六）

孔子將「韶」和「武」比較：說「武」只是盡美而未盡善；至於「韶」，則不但盡美，而且盡善。孔子比較「韶」和「武」，在「韶」和「武」相異的地方，他將發現「韶」的特徵而使感受能力由於分析而變得細緻；在二者相同的地方，則將使感受由於綜合而變得深入。而且孔子比較了「韶」和「武」的同異，而對二者所作的價值判斷，將有助於我們了解他對「韶」三月不知肉味的鑒賞美感所具有的深刻意義。以下我們分別探討孔子對「韶」和「武」同異的比較。從相同的盡美處說，我們且先探討「武」。孔子說「武」盡美，這是一個單稱判斷。根據康德（Immanuel Kant）的美學思想，這是構成審美判斷的先決條件。（註三七）具體地說，「武」是周武王樂名。吳季札在魯鑒賞「武」時，曾說：「美哉，周之盛也。」（註三八）孔子說「武」「盡美矣」，顯然和季札的意見相似。據邢昺的注解，盡是盡極，美是指「武」的音曲和舞容說。（註三九）孔子說「武」充分地表現了音曲和舞容之美。這是由妙慧去直感「武」的形式美。「武」既是一首有標題的樂，那麼，孔子對它的形式美的體味，借用分析美學的術語來說，便不是「開放式」的，而是「封閉式」的。換言之，「武」是周武王時的樂而具有歷史性的概念，孔子對它的體味，不能逾越它的歷史意義。那麼，「武」如何充分地表現它的音曲和舞容之美呢？據《樂記》的記載，「武」的演出是這樣的：

夫樂者，象成者也。揔干而山立，武王之事也；發揚蹈厲，大公之志也；「武」亂皆坐，周、召之治也。且夫「武」，始而北出，再成而滅商，三成而南，四成而南國是疆，五成而分周公左、召公右，六成復綴，以崇天子。（註四〇）

這是一闋再現武王討伐商紂獲得勝利的歌舞劇。它的結構層次分爲六場：第一場，舞隊從北面出來，象徵武王出兵討伐商紂，在孟津會合軍隊；第二場，指揮軍隊攻擊，打敗了商紂；第三場，帶兵向南進攻，襲擊淮夷；第四場，統率部隊收服南方荊蠻各國；第五場，部隊分成兩行，象徵周公統治左邊國土，召公管轄右邊國土；第六場，部隊回到原來的舞位，象徵武王班師還朝，諸侯在京城集合，高呼天子萬歲。（註四一）這闋歌舞劇在舞容方面具有一貫的象徵意味。它的場面很大，演員有六十四人，可能達六十六人。（註四二）在表演中，有時象徵夾擊敵人，有時象徵戰爭勝利，可以說是具有相當的戲劇性。此外，它每場唱詩一章。（註四三）唱來多咏嘆的聲音，音調特別拉長。（註四四）它的分場和故事情節配合得很恰當，使這闋歌舞劇在藝術上有很高的成就，這就難怪孔子要贊嘆它充分地表現美了。（註四五）

此外，孔子對「韶」在形式上的盡美也贊美不已。據《尚書》的記載，「韶」所表現的舞容和曲調是這樣的：

夔曰：戛擊鳴球，搏拊琴瑟，以詠。祖考來格，虞賓在位，群后德讓。下管鼗鼓，合止柷敔，笙鏞以間，鳥獸蹌蹌。簫韶九成，鳳凰來儀。夔曰：於！予擊石拊石，百獸率舞，庶尹允諧。

（註四六）

可見「韶」是詩歌、音樂、舞蹈合一的樂曲。它有九章（九成）。演奏時，有鐘、磬、琴、瑟、管、笙、簫、鼗、鼓、鼖、柷、敔等多種樂器；舞員唱著歌詞，還有人化裝成各種鳥獸和鳳凰在舞蹈。「韶」的形式之美，體現了溫潤中和的形象。據後人的追述，還可略見梗概：

孔子曰：「簫韶」者，舞（註四七）之遺音也。溫潤以和，似南風之至。其爲音如寒暑、風雨之動物，如物之動人；雷動獸禽，風雨動魚、龍。（註四八）

「韶」是舜的樂舞，它的旋律像南風一般的溫潤和諧，它的音調像四時交替的寒暑風雨，觸動著萬物。可見「韶」是以和諧的形象得到孔子的賞識。

㈥評價韶的盡善

孔子講樂的形式美，固然在於節奏韻律的和諧，但在和諧之中，除了講求錯綜變化之外，更注重中道。孔子稱讚「關雎」樂曲，說它：「樂而不淫，哀而不傷」（註四九）不淫不傷的「關雎」樂曲，便是合乎中道的樂。孔子又說：「放鄭聲……鄭聲淫。」（註五〇）他又說：「惡鄭聲之亂雅樂」。（註五一）由於鄭國地區的民間新樂流於靡和巧，樂而過度，（註五二）妨礙雅樂的發展，所以孔子要加以揚棄。（註五三）那麼，從正面說，孔子自然肯定合乎中道的雅樂。樂的這種和與中的形象，所強調的是愉悅性的優美，而不是宿命的恐懼或悲劇性的崇高（壯美），這顯示在樂的和與中的後面蘊藏著理性精神。（註五四）由理性精神的發揚，自然產生純正和善良的意識。孔子說：「《詩》三百，一言以蔽之，曰：思無邪，」（註五五）正是這個意思。

孔子很注重樂的內容之善。他比較了「武」和「韶」之後，認爲「武」不如「韶」。因爲「武」雖然和「韶」一樣充分地表現了形式之美，但從內容上說，「武」在價值上只能說表現了相當的善，卻未達到最高的善的境地。至於「韶」則除了充分地表現形式之美外，還充分地表現了內容之善。如果我們配合上文所指出的孔子曾以妙慧之直感鑒賞「韶」所表現的情感經驗（內容），那麼，我們可以看出，孔子認爲「韶」的內容不只是表現情感，而且擴展到倫理道德上。把這個意思擴大而借用黑格爾（G.W.F Hegel）的話來說，樂的內容不只包括精神洋溢的情感，而且更包含「內容的精華」或「寓有較高教義的內容。」（註五六）

如所周知，「韶」描繪或再現舜的功德。但這種描繪或再現不是純模仿，而是「轉化」。（註五七）孔子對這種轉化心領神會。如上所述，他用南風和寒暑風雨來形容「韶」的旋律（形式）的中和，進而暗喻舜的功德。這樣說來，「韶」的溫潤中和的形象便直接和它的內容之善相關。《書經・堯典》對舜樂大加贊美，說它：「八音克諧，無相奪倫，神人以和。」（註五八）「韶」是舜樂的代表，它自然也以溫和的形象讓人聽了感到快樂和諧，從而構成了它的善的內容。這種使人感到快樂和諧的舜樂和莊子所描述的咸池之樂形成強烈的對照。因爲咸池之樂叫人聽了感到懼、怠、惑。（註五九）孔子所欣賞的「韶」代表儒家古典主義的美學思想，而莊子所欣賞的咸池之樂則代表道家浪漫主義的藝術精神。（註六〇）

「韶」的內容之善固然與它的溫潤中和的形象有關，也由於它在內容上體現了儒家的仁義精神。據近人的研究，「韶」原本似乎是古人舉行蜡祭所用的樂舞，象徵鳥獸來享受祭祀。它的意義在於表示人們對於鳥獸廣加恩惠。（註六一）所以《禮記》讚美蜡祭是「仁之至，義之盡」。（註六二）正由於「韶」對鳥獸表現仁至義盡，《左傳》因此讚美它「如天之無不幬也，如地之無不載也。」（註六三）「韶」推恩及於鳥獸而顯示有如天地之德的博大，它所反映的時代精神，便是對舜的德行事功的歌誦。（註六四）舜不靠武力取得天下，（註六五）所以「韶」的題旨是「紹」，它贊舜的德能承繼堯而受堯的禪讓，使天下維持太平的局面。至於周武王的「武」則體現武王以武力統一天下，而不能達到太平的境界。（註六六）這未免偏於武德，舜則以德行導致天下太平，顯示舜偏於文德。（註六七）孔子以文德爲至善，所以贊美「韶」不但盡美，而且盡善。

如果以德來規定善，那麼，「武」既表現了武德，我們便不能說它只有美而沒有善。孔子也只是說它未盡善。實際上，它表現了相當的善。這樣說來，「武」和「韶」只在表現善的地方有程度的不同，而並沒有實質的差別。（註六八）這顯示樂的美和善必須有相當程度的統一，也顯示樂的形式和內容有相當程度的融合。如果像「韶」那樣盡美盡善，充分表現了形式和內容的統一，那自然是圓滿不過了。（註六九）

㈦結　語

把以上冗長的討論加以概括，我們可以說：孔子是一個有教養的人，他以妙慧之直感和實踐理性捕捉了最理想的樂——「韶」的歌舞形式所具有的美感、內容和價值，終於完成了對「韶」的鑒賞和評價活動。孔子對「韶」的鑒賞活動，如果從心理過程來看，它可以說是一種審美經驗。在對「韶」的審美經驗中，孔子似乎暗示：使他賴於獲得雋永的美感（註七〇）的視覺（註七一）和聽覺超越於使他知肉味的味覺。如果借用貝拉・馮・布蘭登斯坦因（Béla Von Brandenstein）的話來說，孔子似乎暗示：視覺和聽覺是「較高的感覺」，而味覺則屬於「較低的感覺」。（註七二）同時孔子也似乎暗示：由鑒賞「韶」所獲得的美感和品嘗肉味所得到的生理快感有層級之別。進一步說，孔子在美感經驗中，憑妙慧鑒賞「韶」而對它別無他求。這樣說來，在孔子對「韶」的鑒賞經驗中，便具有一種「欲望的排除」的否定性特徵。（註七三）從這點說，孔子對「韶」鑒賞的心理過程也許可以說是無利害關係的。（註七四）但是在另一方面，如果從客體的「韶」所引起的效果來看，那麼，它便不是無利害關係的。「韶」激起孔子的妙慧，使他在美感上直感到「韶」的內容美，並且以超知性的語言理性加以描述外；另一方面，由於理性的要求，孔子判斷「韶」充分地表現了善，這便說明「韶」的社會功能。所以從效果上說，它是有利害關係的。（註七五）

如果說孔子對「韶」鑒賞的心理過程可以說是無利害關係的，那麼，這種由主體的審美態度所構成的審美經驗似乎具有主觀論的色彩。但是在鑒賞活動的效果上，孔子對「韶」盡善的評價，在很大程度上，是以堯舜的時代和文化爲條件。如果從這點說，顯然不能把孔子歸爲純粹主觀論者，也不能把孔子對「韶」的鑒賞經驗納入純粹快樂主義的範疇。所以綜合地說，在音樂美學上，我們不能把孔子歸爲「自治派」（autonomy），而應把他歸爲「他律派」（heteronomy）。但是如果太過強調孔子鑒賞「韶」具有利害關係的一面，而認爲孔子只把音樂作爲一種倫理道德，進而論定中國音樂尚未發展成爲一種美學作用，（註七六）則似乎有待商榷。

【附註】

註一：這種情景，在後代的記述中，還略可想見。《樂記》：「詩，言其志也；歌，詠其聲也；舞，動其容也。三者本于心，然後樂器從之。」見《禮記正義》（北京：中華書局十三經注疏本，一九五七），頁一六三三。

註二：參考：李澤厚《美的歷程》（北京：文物出版社，一九八一），頁四二。

註三：參考：徐復觀《中國藝術精神》（臺北：學生書局，一九八一），頁一～三。

註四：見註一。

註五：見《禮記正義》，頁一五八六。

註六：關於舞吞並樂，參考：Susanne K. Langer, *Problems of Art* (New York : Charles Scribner's Sons, 1957). P.84.

註七：孔子說過「『關雎』之亂」的話，可以爲證。孔子的話，見《論語注疏・泰伯》（北京：中華書局十三經注疏本，一九五七），頁一八四。

註八：見《史記・孔子世家》（北京：商務縮印百衲本，一九五八），頁六五六。

註九：《尙書・舜典》載舜命夔典樂教冑子，所教的內容包括「詩言志」。見《尙書正義・舜典》（北京：中華書局十三經注疏本，一九五七），頁一〇七～一〇八。又周官的大師掌樂，所教的內容也包括「六詩」，見《周禮注疏・春官宗伯・大師》（北京：中華書局十三經注疏本，一九五七），頁八三九～八四三。凡此都可以說明樂和詩的關係。

註一〇：參考：羅振玉《殷虛書契前編》（珂羅版影印，一九一三），五・一・二；《殷虛書契後編》（珂羅版影印，一九一六），一・一〇・四；又一・一〇・五；《殷虛書契菁華》（實物照像影印，一九一四），九・三；《殷虛書契續編》（珂羅版影印，一九三六），三・二八・五；胡厚宣《戰後京津新獲甲骨集》（群聯出版社珂羅版影印，一九五四），三七・二八；郭若愚《殷契拾綴二集》（來薰閣書店珂羅版影印，一九五三），四八九；方法斂摹、白瑞華校《金璋所藏甲骨卜辭》（金屬版，一九三九），五八三。

註一一：參考《周禮注疏・多官考工記》，頁一四一二～一四一三。

註一二：見《論語注疏・陽貨》，頁三九六。

註一三：見 John Dewey, *Art As Experience* (New York: Capricorn Books, G. P. Putnam's Sons, 1958), Pp 200, 287-288.

註一四：見《論語注疏・泰伯》，頁一八二。

註一五：樂作爲一種藝術，雖然是孔子美學的核心，但在孔子的美學思想中，並未放棄對自然美的體驗。對美的鑒賞，如果完全放棄了自然事物，而只以藝術爲對象，那麽，它不僅是限制了美學的鑒賞範圍，而且也影響藝術的鑒賞。

註一六：參考：徐復觀，前揭書，頁一～四。

註一七：見《史記・孔子世家》，頁六五一。

註一八：見《論語注疏・八佾》，頁七七。

註一九：參考：宗白華《美學散步》（上海：人民出版社，一九八一），頁一六五。

註二〇：參考：王延才《我國古代對錯綜變化的結構形式美的提倡和總結》在復旦學報・社會科學版編輯部編《中國古代美學史研究》（上海：復旦大學出版社，一九八三），頁四三～四五。

註二一：見《論語注疏・泰伯》，頁一八四。

註二二：參考：楊伯峻《論語譯注》（北京：中華書局，一九八〇），頁八三。

註二三：參考：朱熹《四書集注》（臺北：藝文印書館，一九五九），頁六六。

註二四：楊蔭瀏說「關雎」之亂是魯大師摯在音樂上的加工，使原本簡單的民歌以更複雜的形式表達出來，以便達到高潮。參考所著《中國古代音樂史稿》（北京：人民音樂出版社，一九八一），上册，頁六一～六六。

註二五：同註一七。

註二六：見《春秋左傳正義・昭公二十五年》（北京：中華書局十三經注疏本，一九五七），頁二〇七三。

註二七：同上。

註二八：同上。

註二九：參考：《史記・孔子世家》，頁六五五。

註三〇：見《論語注疏・泰伯》，頁一八四。

註三一：見《論語注疏・述而》，頁一五七。

註三二：同上。

註三三：參考 Deryck Cooke, *The Language of Music* (London : Oxford Paperbacks. 1962), P.203.

註三四：見《史記・孔子世家》，頁六四六。

註三五：參考氏著《文藝心理學論稿》（北京：北京大學出版社，一九八二），頁一七一。

註三六：見《論語注疏・八佾》，頁七八～七九。

註三七：參考 *Kant's Critique of Judgement*, trans. with Introduction and Notes by J.H. Bernard (Macmillan & Co., 1892), P.61

註三八：見《春秋左傳正義・襄公二十九年》，頁一五七三。

註三九：見《論語注疏・八佾》，頁七九。

註四〇：見《禮記正義・樂記》，頁一六六四～一六六五。按：引文最末一句，或讀至《以崇》絕句。

註四一：參考：鄭玄注，見《禮記正義・樂記》，頁一六六五。並參考：楊蔭瀏，前揭書，頁三一～三三。

註四二：參考：高亨《文史述林・周代大武樂考釋》（北京：中華書局，一九八〇），頁一〇九。

註四三：《武》的歌辭還保存在《詩經・周頌》裏。關於這些歌辭的章名和章次，參考：王國維《觀堂集林卷二・周大武樂章考》（上海：古籍書店據商務印書館一九四〇年版影印），頁一五～一七。並參考：高亨，前揭書，頁八一～一〇〇。

註四四：參考：高亨，前揭書，頁一一一。

註四五：孔子用美來讚嘆「武」樂的音曲和舞容，這在中國古代美學的演進中，是一個很大的突破。從甲骨、金文等古文字，我們追溯美字的起源、演變，可以窺見原始社會人們對於美的朦朧理解。據古文字學者的研究，早期美字像

「大」上戴四個羊角形，「大」像人的正立形。所以，美的最古解釋爲「羊人爲美」。它是象形的獨體字，是動物扮演或圖騰巫術在文字上的表現。（參考：于省吾《釋羌、笱、敬美》，見《吉林大學社會科學學報》，一九六三，第一期。）到了許慎纂《說文解字》，則把美訓爲甘。段玉裁的《注》說美解釋爲甘的意思是由羊本身的體大而肉肥美得來的。（參考《說文解字注》，臺北：藝文印書館，一九六四，頁一四八）。日本學者笠原仲二據此論斷中國人最原始的審美意識就是起源於「肥羊肉味甘」這一古代人味覺性的感受。（參考所著《古代中國人の美意識》，京都：朋友書店，一九七九，頁三）。按：從早期的羊人爲美到《說文》的羊大爲美，再進到孔子以《武》樂的音曲和舞容爲美，可見美作爲完整的審美意識到了孔子的時代才正式確立。（許慎纂《說文》的時代雖較孔子爲晚，但是他解釋美字所用的意義，當比孔子爲古）。

註四六：見《尚書正義・益稷》，頁一七四～一七五。

註四七：舞當作舜，大概因爲形近而誤。

註四八：見薛據《孔子集語》，在《百子全書》（杭州：浙江人民出版社據掃葉山房一九一九年石印本影印，一九八四），第一卷，頁四。

註四九：見《論語注疏・八佾》，頁七五。劉台拱說：「《詩》有『關雎』，《樂》亦有『關雎』。此章特據《樂》言之也。古之樂章皆三篇爲一。……樂而不淫者，『關雎』、『葛覃』也；哀而不傷者，『卷耳』也。」見所著《論語駢枝》，在嚴靈峰編《無求備齋論語集成・四十六冊》（臺北：藝文印書館，一九六六），頁三～四。

註五〇：見《論語注疏・衛靈公》，頁三五三。

註五一：見《論語注疏・陽貨》，頁三九八。

註五二：參考：謝肇淛《五雜俎》（北京：中華書局，一九五九），卷十二，頁三六四。

註五三：孔子所放的鄭聲與《詩經》的《鄭風》不可混爲一談。參考：戴震《書鄭風後》，見《戴震集》（上海：古籍出版社，一九八〇），卷一，頁九～一〇；孫希旦《禮記集解・樂記》（上海：商務印書館萬有文庫本，一九三〇），卷三八，頁五五～五六。按：在春秋時代，詩、樂、舞雖然繼承傳統而仍舊保留爲一種綜合藝術，但這三者也同時開始逐漸趨向於獨立的發展。孔子所要放的鄭聲便是脫離了詩的鄭國的新聲（俗樂），而與以詩爲辭譜成樂曲的鄭風（雅樂）有別。如果混鄭聲與鄭風爲一，那麽，孔子既以「思無邪」概論《詩》三百（見《論語注疏・爲政》，頁三九），卻又排斥《詩》中的鄭風，便自相矛盾。參考：蔣凡《思無邪與鄭聲淫考辨　孔子美學思想探索點滴》，見社會科學戰線編輯部編《古典文學論叢》（濟南：齊魯書社，一九八二），第三輯，頁四二～六五。

註五四：參考：李澤厚，前揭書，頁五三。

註五五：見《論語注疏・爲政》，頁三九。

註五六：參考：G.W.F. Hegel *Ästhetik* (Aufbau-Verlag, Berlin, 1955.朱光潛譯，北京：商務印書館，一九七九）第三卷，上册，頁三五二。

註五七：關於模仿和轉化的不同，參考：Susanne K. Langer, op. cit., pp98-107.

註五八：見《尚書正義・舜典》，頁一〇八。

註五九：見《莊子・天運》（上海：中華書局四部備要本），卷五，頁二〇。

註六〇：參考：宗白華，前揭書，頁一七二。

註六一：參考：高亨《文史述林・上古樂曲的探索》，頁五四～五五。

註六二：見《禮記正義・郊特牲》，頁一一九七。

註六三：見《春秋左傳正義・襄公二十九年》，頁一五七四。

註六四：舜承堯德，修樂以致舞百獸，見《呂氏春秋・古樂》（上海：商務印書館四部叢刊本），卷五，頁九～一〇。按：「韶」既對鳥獸推恩而顯大德，那麼，它所反映的便是此一時代精神。

註六五：說舜不依恃武力取得天下，自是儒家把他和周武王以武力統一天下相比而說的。實則和神農之世相較，那麼，堯舜時代的戰爭和殺戮已日趨嚴重，這一具體情況在藝術上充分表現出來。參考：李澤厚，前揭書，頁三一。又據郭沫若考證，帝舜與帝嚳為一，實如希臘神話中之至上神 Zeus，並非人王。參考所著《甲骨文字研究・釋祖妣》（北京：人民出版社，一九五二），頁四～五。按：孔子講理想政治而托古於堯舜，容或不合事實，但它所寄托的理想，卻可以理解。

註六六：參考：《論語注疏・八佾》，頁七八～七九；並參考：《禮記正義・樂記》，頁一六二二。

註六七：參考《禮記正義・樂記》，頁一六二二～一六二三。

註六八：朱熹認為不可以把這兩種樂分別說為樂之聲容皆盡美，而事之實有盡善未盡善。因為有德才做得此樂，所以在「韶」的地方見到舜之德；在「武」的地方見到武王之德。參考：《朱子語類》（臺北：正中書局影印國立中央圖書館藏明成化九年江西藩司覆刊宋咸淳六年導江黎氏本），卷二十五，頁一〇七九。

註六九：孔子講求樂的形式和內容的統一，與他主張「文質彬彬」（見《論語注疏・雍也》，頁一三八。）相爲表裏。關於「文質彬彬」這一命題的意義，參考：李澤厚、劉綱紀主編《中國美學史・第一卷》（北京：中國社會科學出版社，一九八四），頁一四〇～一四四。

註七〇：孔子鑒賞「韶」所獲得的美感經久不息，可見音樂所引起的情感不和引起情感的音樂刺激同其究竟。興德米特（Hindemith ）因此論斷音樂所引起的情感不是眞正的情感。按：此說不確。參考：Deryck Cooke, op. cit., Pp.18-22

註七一：孔子在齊國聽到了「韶」而三月不知肉味，在此處孔子似乎只憑聽覺以構成他對「韶」的鑒賞經驗。但是如前文所述，「韶」是詩歌、音樂、舞蹈結合爲一體的樂曲。「韶」作爲詩、樂、舞三者的結合體，有時由樂顯示它的獨立性而呑幷詩和舞；有時則由舞顯示它的獨立性而呑幷樂和詩。（關於各種藝術同化原則的作用，參考：Susanne K. Langer, op. cit., p.85). 孔子在齊國所聽到的「韶」顯然是以樂爲首出的。可是在別的地方，孔子想必見到以舞爲首出的「韶」（孔子說過「樂則『韶』舞」的話，見《論語注疏・衛靈公》，頁三五三）否則，孔子不會綜合地對「韶」作盡美盡善的贊賞。

註七二：參考：Béla Von Brandenstein, *The Philosophy of Arts* (Budapest, 1930), p.189.

註七三：關於審美經驗的否定性特徵（欲望的排除），參考：John Dewey, op. cit., p.254-258。據杜威解釋，所謂欲望的排除是指欲望實現在審美活動的感覺本身中，而使審美者別無所求。

註七四：孔子在別的地方也間接地暗示審美過程是沒有利害關係的。《論語・述而》：「子曰：志于道，據于德，依于仁，遊于藝。」（《論語注疏》，頁一五四）。所謂遊于藝，是說遊憩於禮、樂、射、御、書、數六藝之中。孔子對於六藝採取遊息的態度，遊息是優遊於其中而不受局限，就像魚游於水中，忘掉了水而自得其樂，這豈不暗示：孔子對於藝，特別是樂的審美活動是沒有利害關係的嗎？把這個意思推遠一點來說，當孔子的學生子路、冉有、公西華分別說出獻身社會的志願的時候，孔子並不很嘆賞；可是當曾點說：「莫春者，春服既成，冠者五六人，童子六七人，浴乎沂，風乎舞雩，詠而歸。」孔子卻喟然嘆道：「吾與點也！」（《論語注疏・先進》，頁二五七～二五八）這種優遊自得的情懷正可以作為孔子所說「遊於藝」的注脚。以上這些例子都可以幫助我們說明孔子對「韶」鑒賞的心理過程是沒有利害關係的。

註七五：孔子評價「韶」盡美又盡善，一方面固然是主體感覺到它的美和善，才評價它盡美又盡善；另一方面卻是尊重客觀事實而說的。因為「韶」的創作本身就帶有功利的性質，也就是說，「韶」在創作時，社會功利的目的就很明確，但這與孔子鑒賞「韶」的心理過程沒有利害關係並不矛盾。因為「韶」被創作以後，它便成了一種獨立的、客觀的、供鑒賞的對象，對它的鑒賞活動本身仍然可以是非關利害的。

註七六：見：王光祈《論中國古典歌劇（一五三〇～一八六〇）》，在《音樂學叢刊》（北京：文化藝術出版社，一九八二），頁一四一。

劉述先編《儒家倫理研討會論文集》（新加坡：東亞哲學研究所，一九八七）

貳、孔子的美學思想(二)（註一）

一、樂的政治和道德功能

孔子評價《韶》盡美又盡善，（註二）這可見孔子對樂的形式和內容要求高度的統一。（註三）但是從思辨上分疏地說，孔子似乎較重視內容的善。他從舜的德行事功來肯定《韶》的至善。這是從政治的功能來看待樂的實用價值。孔子自己也說過樂在政治上的重要作用。

顏淵問爲邦。子曰：「……服周之冕，樂則《韶》舞。」（註四）

可見孔子認爲《韶》有安邦治國的功能。孔子的學生子游曾實驗師門所傳承的樂教。

子之武城，聞弦歌之聲。夫子莞爾而笑，曰：割鷄焉用牛刀？子游對曰：昔者偃也聞諸夫子曰：君子學道則愛人，小人學道則易使也。子曰：二三子，偃之言是也。前言戲之耳。（註五）

子游在武城實驗樂的政治功能，獲得相當的成績，所以很得孔子的贊許。反過來說，如果不提倡樂教，便會造成「刑罰不中」的嚴重後果。

子路曰：衞君待子而爲政，子將奚先？子曰：必也正名乎！……名不正，則言不順；言不順，則事不成；事不成，則禮樂不興；禮樂不興，則刑罰不中；刑罰不中，則民無所錯手足。（註六）

刑罰是政治措施的重要環節，禮樂則是刑罰的根本。孔子常把禮樂並稱，其實是以樂統禮而發揮移風易俗的政治社會作用。

孔子所以重視樂的內容之善，除了以爲它有助於政治上的教化之外，也認爲它可以作爲人格修養的憑藉。在劉向的《說苑》裏記載了一則故事，說孔子一次來到齊郭門外，遇到一個嬰兒，「其視精，其心正，其行端。」孔子便說：趕快把車駕前去，《韶》樂剛剛在演奏。（註七）這個故事的眞實性也許令人懷疑。但是孔子把那嬰兒的心靈的善比擬他向來最欣賞的《韶》，卻是符合孔子的美學思想。因爲《韶》不但盡美，而且盡善，所以心靈的善和體現內容之善的《韶》自然合拍。但是嬰兒的心靈的善只是一赤子之心的純樸。它是一不自覺的原始和諧。一般人如果要達到自覺的善，便須經過善的樂的薰陶。樂的大用不但可以成就人的善行，甚至足以使人充分抒發他的精神。《周易・繫辭》引孔子的話說：「鼓之舞之以盡神」，（註八）正是這個意思。

孔子判斷《武》盡美而未盡善，（註九）可見從分疏上說，形式之美和內容之善固爲二概念。但是孔子從樂的中和的形式之美洞察善的內容（註一〇），則又可看出形式之美和內容之善兩者密切相關。樂的形式之美和內容之善雖然息息相關，但是孔子很重視樂的政治和道德的功能，所以孔子對樂的內容之善的重視，比起對樂的形式之美實有過之而無不及。孔子這種較偏重樂的內容之善的音樂觀，對後世的中國音樂產生很大的影響。根據孔子的理論，一首偏於善的樂曲必定能使人平靜，而不是刺激人們的神經。因此，繁音促節的音樂遭到排斥。因爲這種音樂使人不得平靜。後人便抱著這一觀點去創作廟堂、宮庭歌曲和器樂曲（如琴曲）。（註一一）

孔子注重內容之善的美學思想如果和西方的古典美學思想相比，便顯出強烈的對照。西方的哲學始祖蘇格拉底（Socrates, c. 470-399 B.C.）雖然把藝術的內容看得比形式要緊，從此引起西方美學中形式主義和內容主義的爭執；但是從康德（Immanuel Kant, 1724-1804）起，歐洲的美學思想主潮卻都傾向形式主義。沃爾特・H・佩特（Walter Horatio Pater, 1839-1894）以爲一切藝術到最高的境界都逼近音樂。因爲在音樂中，內容完全混化在形式裏，不能在形式之外看出什麼意義。（註一二）由於近年來西方學者愈來愈傾向於把音樂看作「純形式」的事物，極端論者甚至把「內容」看成是「音樂本身以外的」事物——即某種「超出音樂」的事物，於是，純音樂的信徒認爲內容是一種虛假的、非音樂的事物，應嚴加批判。西方的純音樂信徒的這個看法，和孔子注重樂的內容之善的見解可說是大有逕庭。（註一三）從孔子的立場說，樂是形式之美的和諧，也是內容（心靈）之善的律動。心靈之善必須在形式之美裏面體現出來；另一方面，形式之美也必須是心靈之善的節奏，就像宇宙的秩序和人內在生命的韻律互相協調一樣。

二、無聲之樂

孔子固然認爲樂的形式之美和內容之善兩者緊密聯繫，但這只是從普通的層次來說。上文說孔子自樂的中和之美洞察內容之善。善旣源於中和，便有形式可尋而難免受到形式的限制，所以這不是最高的善。依據孔子的義理，最高的善是仁。這是聖人所體現的無限境界。孟子對孔子所達到的無限境界有深入的體會：

孟子曰：伯夷，聖之淸者也；伊尹，聖之任者也；柳下惠，聖之和者也；孔子，聖之時者也。孔子之謂集大成。集大成也者，金聲而玉振之也。金聲也者，始條理也；玉振之也者，終條理也。始條理者，智之事也；終條理者，聖之事也。智，譬則巧也；聖，譬則力也。由射于百步之外也，其至，爾力也；其中，非爾力也。（註一四）

樂的形式主要是以時間的形象來槪括。孔子是時中之聖，用樂比擬，便是奏樂的最後階段。當人還未達到聖人的境界時，他的生命活動偏重在氣質方面，這是智的表現；但是當他到達聖人的境界，便表現出德性，這是努力實踐仁的結果。人的生命活動偏重在氣質方面而表現智的時候，難免顯示生命的種種姿態。這種種姿態停留在有限的範疇。但是當人達到聖人的境界時，便化除種種姿態，使生命境界從有限趨向無限。就像未奏八音時，先敲鎛和鐘，以作爲聲的先導，接著八音並奏，構成多姿多彩的交響樂。等到八音停止，最後才擊特磬，以收束樂的餘韻。（註一五）孟子從八音停止後，擊特磬以收束樂的餘韻，去體會孔子最後所達到的無限聖境，便暗示聖人的最後的無限聖境是一種超越形式而餘韻裊裊之樂。孔子自己曾說過：「樂云樂云，鐘鼓云乎哉？」（註一六）又說：「人而不仁，如樂何？」（註一七）也正是暗示人要超越形式，直截地把心靈深處所體會的樂之美和最高的善（仁）融成一體。這種美與仁在終極上合一的樂便是所謂無聲之樂。依後人的追記，還可略見孔子對無聲之樂的境界的體會：

孔子曰：無聲之樂。……子夏曰：敢問何詩近之？孔子曰：夙夜其命宥密，無聲之樂也……子夏曰：言則大矣、美矣、盛矣！言盡于此而已乎？孔子曰：何爲其然也！君子之服之也，猶有五起焉。子夏曰：何如？孔子曰：無聲之樂，氣志不違……氣志既得，……氣志既從……日聞四方，……氣志既起。（註一八）

無聲之樂的「無」，不是指絕對的虛空，而是指超越樂的聲律形式。超越了樂的聲律形式，便可直截地由心靈深處體會樂之美與仁融合的無限境界。這種樂之美與仁合一的無限境界不是普通的言語所能表達的。如果借用康德的話來說，那麼，孔子對無聲之樂的審美理念和科學理論上的各種理念不同，它沒有語言文字能說出、能達到，它是無限的表現。（註一九）無聲之樂的無限境界既非普通言語所能表達，所以當子夏問《詩》的樂章之中，那一首接近這種境界時，孔子舉《周頌・昊天有成命》「夙夜其命宥密」作爲回答。夙夜是夜以繼日而不間斷，宥是深宏，密是靜謐，它暗示聖人踐仁所表現的無限道德生命的健行不息，在他心靈深處是深宏而靜謐的。聖人基於深宏而靜謐的心靈，便可體會天命的生生不已。可見這首詩直探人的心靈深處，以顯示仁德內容的廣大，所以孔子借它來啓示人：在心靈深處才能當下體會到無聲之樂，也讓人深切體悟樂之美與仁的融合。這種融合美和仁的無聲之樂既然與踐仁所體現的終極的無限境界密切相關，那麼，它的無限境界雖然和康德所說審美的理念是「無限的表現」相似，但是康德要用「想像力的直觀」去把握無限的審美理念，（註二〇）那便和孔子體會無聲之樂的進路有本質上的差別。

再說，無聲之樂既可使人體悟樂之美與仁的合一，於是它便能在人的道德取向上產生很大的作用。具體地說，無聲之樂讓人體會繫於氣質的生理機能（氣）和繫於理性的道德判斷（志）不相違反。這一來，人便能持守他的意志，使生理機能不至衝動。再進一步，無聲之樂讓人體悟生理機能和道德判斷的調適，於是人的道德判斷便能主宰生理機能，使它在身體內正常地活動。又進一步，無聲之樂使人契悟生理機能和道德判斷在表現上自然順遂，於是生理機能便轉化爲偉大剛強的浩然之氣。更進一步，生理機能和道德判斷在實際上表現無限的作用，於是生理機能與義和道相配合，直趨生命的根源，終於和沖虛靜謐的心靈境界相融和（註二一）。

蕭統《陶淵明傳》說：「淵明不解音律，而蓄無弦琴一張。每酒適，輒撫弄以寄其意。」（註二二）這段話暗示樂的美不在它的聲律形式，而在它所達到和能達到的效果。從表面上看，它正可作爲孔子所說的無聲之樂的注腳。但是陶淵明撫弄無弦琴以寄意，只是寄托魏晉文人的一種悠然之情意，不像孔子從無聲之樂中體會道德的無限境界和作用，所以從深層上說，兩者所達到的境界和作用是不同的。

必須指出，無聲之樂融美於仁，讓人體會到的沖虛靜謐的心境，不是一種脫離現實的幻境，而是人人在理上都能達到的境界。譬如孔子發憤忘食，樂以忘憂，不知老之將至；（註二三）又如孔子六十而耳順，七十而從心所欲（註二四）以及默而識之（註二五），這種種仁者的境界，都是無聲之樂在日常現實生活中的具體表現。（註二六）

三、道德美學

上文論述孔子由於注重樂的政治和道德功能，所以孔子對樂的內容之善的重視超過了樂的形式之美。至於孔子所講的無聲之樂，更暗示人要超越樂的聲律形式，而體會樂之美與仁（善）融合的終極的無限境界。依照這一思路發展，孔子所講的美自然超越純粹美學的範疇，而在終極上與道德範疇的善結合。

子曰：君子成人之美，不成人之惡。小人反是。（註二七）

子張曰：何謂五美？子曰：君子惠而不費，勞而不怨，欲而不貪，泰而不驕，威而不猛。（註二八）

子曰：里仁爲美。（註二九）

以上孔子所說的美便是在終極上與道德範疇的善相聯繫。喬治・桑塔耶那（George Santayana,

1863-1952）說審美的判斷主要是對善（Good）的方面的感受。此說似與孔子把美聯繫於善的說法相同。但桑塔耶那此說的主旨在論斷審美與道德判斷的區分，即：道德判斷基本上是對惡（evil）的感受，故與對善的感受所成的審美有別。（註三〇）從低層次的分疏上說，孔子固然從未混淆審美判斷和道德判斷。但從高層次的終極上說，他也未把兩者看成不相聯繫的兩橛。（註三一）

這種把美聯繫於善的觀點，在春秋時代似有相當的代表性。《詩經・邶風・簡兮》第二章說：「碩人俁俁」。（註三二）據毛亨的注解，碩人是指「大德」。（註三三）又同詩最後一章說：「彼美人兮」。（註三四）據鄭玄的解釋，美人是指碩人。（註三五）《邶風・簡兮》之詩說高尚道德的人是美人，從表面上看，它和孔子把善和美相聯繫的觀點是相似的。但是詩人如果並未自覺地由道德實踐所達到的最高境界以體會人性的至美，而只是泛說有道德的人是美人，那麼，便有混淆道德判斷和審美判斷之嫌。（註三六）

孔子把善和美相聯繫，這是從道德上來鑑賞人性之美。依據孔子的義理，如果從道德理性的究竟處說，那麼，人性是絕對地善，（註三七）所以人性是至美的。但是如果從體現道德理性的過程處說，那麼，因爲所禀材質因人而異，人性便有層級的不同。孔子所說的「上知」和「下愚」（註三八）以及「中人以上」和「中人以下」（註三九）的分別都是從這一層次來說的人格價值的層級。這個屬於人格價值的概念與西方文化所說的階級不同。孔子以及從他以降的儒家學者都以聖人爲人格價值的最高層級。（註四〇）孔子肯認聖人是人格價值的最高層級，它的意義在重視客觀的眞實生命。因爲客觀眞實生命是人類的精英，也是價値的所在和湧發理想的源泉。儒家尊崇客觀眞實生命，於是，人的向上進取的心便有所寄托。聖人雖然是人格價値的最高層級，可是人人都可以在理上由踐仁達到這個境界。孔子說：「仁遠乎哉？我欲仁，斯仁至矣。」（註四一）人人既然可以在理上由道德實踐達到人格的最高層級，由此便可建立人道的尊嚴，同時，彰顯人性之至美。這是孔子在終極上講美善合一的道德美學的最大貢獻。

總之，孔子的道德美學是建立在對人性的可向上性和尊嚴的體認上。從這個層次說，它和康德的道德美學有相似之處。（註四二）但是儒家所講的道德美學是由於注重美的內容的自然歸結。至於康德，則既太偏重純形式之美而排斥內容，那麼，他所附繫上去的道德美學在立論上便難免有前後矛盾之嫌。

四、比德說

孔子的道德美學是從道德方面對人性的審美，讓人從中體會道德判斷和審美判斷的終極目的可以一致。此即暗示：人性的善和美在終極上相通。孔子更進一步把人性的善和美相融所迸發出來的光輝反射到自然物上，同時結合政治、哲學和社會對自然物進行審美的判斷。一般來說，當我們在自然中進行審美活動並尋找自然物的意義時，我們不難發現這種意義是由我們反射給它的。但是孔子對自然物的審美更具有深刻的意義。對孔子來說，他以爲自然物之所以美，主要在它所具有的某些特徵和人性的善美品質相類似，它可以和人「比德」。

子在川上，曰：逝者如斯乎！不舍晝夜。（註四三）

孔子以水比德的意旨，據孟子的闡發，是由於水的源遠流長，晝夜滾滾地流個不停，它把低窪的地方注滿，又繼續向前奔流，一直流到海洋去。水由於有本源而產生很大的作用，這便是孔子有取於水的地方。（註四四）根據孟子的理解，孔子以水比德便具有道德形上學的意味。

漢儒董仲舒對孔子以水比德的意蘊分析得更為具體：他說水的源泉不斷，日夜不停，便像個有毅力的人；它注滿低窪的地方，再向前進，便像個持平的人；它無孔不入地流向低處，便像個明察的人；它流入溪谷而不迷途，經過無數的曲折，最後達到目的，便像個有志向的人；（註四五）它受到阻擋後能淨化，便像個知道限制的人；它進入不清潔的地方，把它洗滌清潔而流出，便像個很有影響力的人；它流入很深的山谷而不恐懼，便像個勇敢的人；一般的東西都受到火的克制，但只有水能征服火，這便像個威武的人；萬物得到水便生，失掉它便死，這使它像個有德惠的人。孔子在川上對水流不絕的贊嘆，用意便在此。（註四六）董仲舒對孔子比德於水的解釋是從道德的立場把水徹底人格化，由此突出人和水的密切關係。如果不把孔子比德於水的說法和他的道德美學聯繫起來看，那麼，孟子和董仲舒闡發孔子對水的禮贊，或不免穿鑿附會。但是倘若我們能深切體味孔子道德美學的奧旨，那麼，孟、董二人對孔子比德於水的闡發，容或求之過深，但不會讓人感覺到不調適。

除了上引孟董二人的論述外，秦漢以來的文獻還有很多關於孔子以水比德的記載，例如：《荀子》、

（註四七）《孔子家語》、（註四八）《大戴禮》（註四九）和《說苑》（註五〇）等書都有類似孟、董的說法。可見這不是孟、董二家的私見。我們最低限度可以說：從哲學和道德的立場來體會孔子對水的贊美是秦漢以來學者共同的意見。所以清儒劉寶楠也說孔子對水的贊嘆，他的意旨在表明君子進德修業，努力不間斷，就像水一般。（註五一）

孔子不但贊美水流前進而不間斷，而且也說過「知者樂水」的話。（註五二）知者爲什麼「樂水」呢？韓嬰曾經有所解答。他除了像董仲舒從道德的立場把水擬人化之外，他的結論是：水的無限功用，使天地得以形成，萬物得以生長，國家得以太平，各種不同的東西得到正當的處置。（註五三）包咸注解「知者樂水」，說是智者樂於運用他的才能智慧以治理社會國家，就像水流而不知停止。（註五四）照這個說法，孔子對水的審美判斷除了立場於道德和哲學之外，更滲入了政治的因素。

孔子不但以水比德，而且也以山比德。《論語》便記載了孔子說過「仁者樂山」的話。（註五五）仁者爲什麼「樂山」呢？《尚書大傳》記載孔子回答子張的這一提問，說：山的形象巍然高聳，其中草木生長，鳥獸蕃殖，財用積生，它產生財用而不自私——大公無私地供四方砍伐。它又生出雲風以流通於天地之間，使陰陽和合，降下雨露以潤澤萬物，人民也因此受惠。（註五六）《尚書大傳》所說孔子講「仁者樂山」的意旨，在《韓詩外傳》（註五七）和《說苑》（註五八）也有類似的記載。以上這些對孔子講「仁者樂山」的解釋，可以說是從山所表現的社會功用來說的。

此外，孔子還說過「歲寒然後知松柏之後彫」的話。（註五九）依據《莊子》、（註六〇）《呂氏春秋》（註六一）和《風俗通》（註六二），孔子這句話是受困在陳、蔡時對子路和子貢說的。他的用意是借松柏耐寒來比喻自己雖面臨危難而不喪失對仁義的操守。

孔子以後的儒家學者也常追記孔子的比德說。例如：

子貢問于孔子曰：君子所以貴玉而賤珉者，何也？爲夫玉之少而珉之多邪？孔子曰：惡！賜！是何言也！夫君子豈多而賤之，少而貴之哉！夫玉者，君子比德焉。溫潤而澤，仁也；縝栗而理，知也；堅剛而不屈，義也；廉而不劌，行也；折而不撓，勇也；瑕適並見，情也；扣之，其聲清越而遠聞，其止輟然，辭也。故雖有珉之彫彫，不若玉之章章。詩云：言念君子，溫其如玉，此之謂也。（註六三）

這是從道德立場以玉比德。又如：

子貢問于孔子曰：賜爲人下而未知也。孔子曰：爲人下者其猶土也！深扣之而得甘泉焉，樹之而五谷蕃焉，草木殖焉，禽獸育焉，生則立焉，死則入焉，多其功而不息（德），爲人下者其猶土也！（註六四）

這是從社會功用的角度來對土進行審美判斷。

總括地說，孔子的比德說從道德、哲學、政治和社會的觀點把自然物和人的品德聯繫起來，注重人和自然的密切關係。（註六五）孔子這種不離開社會來判斷自然美的觀點和西方傳統的審美觀點有很大的不同：古希臘畢達哥拉斯（Pythagoras, c.572-497）認爲整個天體就是一種和諧與一種數，和諧與比例就是美。（註六六）中世紀的聖・托馬斯・阿奎那（St. Thomas Aquinas, 1225-1274）則認爲事物之所以美，是由於神住在裏面。（註六七）如果把孔子的比德審美觀和西方這兩種傳統的審美觀相比，我們可以說，孔子的比德說是一種人文的審美觀。（註六八）衆所周知，十九世紀的法國美學界曾經掀起反對傳統美學理論的浪潮，而提倡人文主義的美學，其中友基尼・維隆（Eugène Véron, 1825-1889）和J.M. 居約（Jean Marie Guyau, 1854-1888）二人的理論尤爲重要。（註六九）可惜西方主要的美學史家如B.A. 鮑山葵（B.A. Bosanquet, 1848-1923）、B. 克羅齊（B. Croce, 1866-1952）、凱瑟琳・吉爾伯特（Katharine Gilbert）和H. 庫恩（H. Kuhn）對他們二人的貢獻都不重視，這可以看出人文主義的美學不是西方美學的主流。

孔子的人文的審美觀和孔子注重人性美密切相關。因爲比德說以爲自然物之所以美而值得欣慕，不在人對自然物作純客觀的觀察，而在透過光輝的人性的映照，把自然物作主觀顯現的結果。（註七○）所以孔子的比德說不是純理智的（Noetic）活動。唯其如此，比德說雖然設法說明、澄清物我的關係及意義，但這種關係及意義是內在的，所以不會因此造成人與物的隔閡。

五、結語

孔子以樂爲主體而討論的藝術美，它所注重的是樂的內容之善。由於這種內容之善是以中和的理性精神爲內涵，所以在孔子這種音樂美學影響下，那些表現光明、均衡、含蓄、和諧的樂曲便得到肯定和讚揚；至於那些充滿矛盾、鬥爭和英雄氣概的樂曲則受到冷落甚至擯棄。如果說，音樂是人的內在自我和外在社會的全面反映，那麼，孔子要求音樂在他的道德哲學體系籠罩下，成爲一種一成不變的風格，便顯示他的保守的一面，而難免具有局限性。

可是，孔子談藝術美時，他注重內容過於形式。這一主張卻足以彌補現代西方美學的缺陷。西方美學是以「被限定了的明確的形態及其再現」作爲中心概念。當科學技術還未發達以前，我們只要知道某一事物的形態，就能大體上知道它的機能以及知道它是什麼。譬如一件尖形的東西便暗示它是有穿刺能力的犄角。到了科學技術發達的現代，爲了便於攜帶或操作，人們要求把一切東西小型化，於是出現了許多同形異能的東西。一個黑色的小方箱子，如果只靠感官的直覺，只能看到它的外形，裏面裝的到底是錄音機還是定時炸彈便無從知道。可見偏重形態便難以確定事物的本質（內容），也因此難以決定我們對該事物所採取的態度。所以到了現代，西方美學作爲一門應用學科，它所注重的形態，不論是在認識事物的本質或是在決定我們的態度上都不能起重要的作用。在這個關節上，孔子對藝術美的主張便顯示它的補偏救弊的作用。因爲孔子強調藝術美的內容，那便能引導我們確定事物的本質，進而決定我們對該事物所採取的態度。至於形態（形式），對孔子來說，那只是透視無形實在物的線索而已。（註七一）

至於孔子討論人生美的道德美學也有它的殊勝處，那就是：它發揚人性向上的幽光和樹立人格的無上尊嚴。孔子肯定人人都能踐仁，這是人之所以爲人，也是人之所以有存在價值的根據。人類的社會隨著時代的演進而日新月異，但要保證人類社會的向上而不墮落，必須先肯定人有存在的價值。近代自從科學發達以來，人類的心靈隨著機械化而僵滯，因而導致社會的物化。這是現代人類社會所面臨的極爲嚴重的危機。爲了挽狂瀾於將倒，西方人本主義中的存在主義提出「存在就是自存」的主張。它肯認自我，要求自我在因僵滯而成爲虛無的人生中，以絕對的自由創造自己的本質。存在主義在這方面的努力對現代社會所起的穩定作用，不也正是孔子道德美學一向的用心所在嗎？

至於孔子鑒賞宇宙美的比德說，上文已經指出它是一種人文的審美觀。在人文精神的鼓舞下，孔子聯繫著社會現實來對自然物進行審美判斷，這充分表露孔子的現世主義（Secularism）精神。所謂現世主義，就其純理論的形式來說，是擯棄對宗教神話和超自然力的迷信，而注重理性的實踐。從這方面說，孔子的比德說無疑具有積極的意義。

【附註】

註　一：本文爲拙著〈孔子的美學思想(一)〉的續篇。孔子的美學思想以樂爲核心。它包含藝術美、人生美和宇宙美三部分。本文的正篇論述孔子對樂的鑒賞，這是藝術美的主要部分，曾經在東亞哲學研究所主辦的儒家倫理研討會上宣讀。至於續篇除了繼續論述孔子對藝術美（樂的政治和道德功能、無聲之樂）的見解外，也闡發孔子對人生美和宇宙美的洞見，以期獲得孔子美學思想的全貌。

註　二：見《論語注疏・八佾》（北京：中華書局十三經注疏本，一九五七），頁七八～七九。

註　三：參考本文正篇《孔子的美學思想——對樂的鑒賞》在《儒家倫理研討會論文集》（新加坡：東亞哲學研究所，一九八五），頁七。

註　四：見《論語注疏・衛靈公》，頁三五二～三五三。

註　五：見《論語注疏・陽貨》，頁三九二。

註　六：見《論語注疏・子路》，頁二九一～二九二。

註　七：見《說苑・修文》，在《百子全書》（杭州：浙江人民出版社據掃葉山房一九一九年石印本影印，一九八四），卷十九，頁五。

註　八：見《周易正義・繫辭・上》（北京：中華書局十三經注疏本，一九五七），頁三九二。

註　九：見《論語注疏・八佾》，頁七八～七九。

註一〇：參考本文正篇《孔子的美學思想——對樂的鑒賞》，頁六。

註一一：參考：王光祈《論中國古典歌劇（一五三〇～一八六〇）》，見《音樂學叢刊》（北京：文化藝術出版社，一九八二），頁一五四。

註一二：參考：Jennifer Uglow ed., *Walter Pater Essays on Literature and Art* （London：J.M. Dent & Sons Ltd., 1973), p.45.

註一三：純音樂信徒的這種偏見，已受到西方對音樂有識之士所駁正。參考：Deryck Cooke, *The Language of Music* （London：Oxford University Press, 1962), pp.197-202.

註一四：見《孟子注疏・萬章・下》（北京：中華書局十三經注疏本，一九五七），頁四二四。

註一五：參考：朱熹《孟子集注・萬章・下》，見《四書集注》（臺北：藝文印書館，一九五九），頁二〇六。

註一六：見《論語注疏・陽貨》，頁三九六。

註一七：見《論語注疏・八佾》，頁六五。

註一八：見《禮記正義・孔子閑居》（北京：中華書局十三經注疏本，一九五七），頁二〇五九～二〇六〇。

註一九：參考：Immanuel Kant, *Critique of Judgement*, translated with introduction and notes by J.H. Bernard (Macmillan & Co., 1892), pp.197-199.

註二〇：同上。

註二一：參考：馬浮《復性書院講錄・上》（臺北：廣文書局，一九六四），卷四，頁一三～二〇。

註二二：見王瑤編注《陶淵明集》（北京：作家出版社，一九五六），頁二。

註二三：見《論語注疏・述而》，頁一五九。

註二四：見《論語注疏・爲政》，頁四〇。

註二五：見《論語注疏・述而》，頁一五三。

註二六：參考：馬浮，前揭書，卷四，頁二一～二二。

註二七：見《論語注疏・顏淵》，頁二七八～二七九。

註二八：見《論語注疏・堯曰》，頁四五六。

註二九：見《論語注疏・里仁》，頁九三。

註三〇：見所著 *The Sense of Beauty*（New York：Dover Publications, 1955）, p.23.

註三一：參考：今道友信，Ästhetik in der Chinesischen Klassik，在氏所編 *Studia comparata de aesthetica*（Tokio, 1976）chapter 8.

註三二：見《毛詩正義・邶風・簡兮》（北京：中華書局十三經注疏本，一九五七），頁三四二。

註三三：同上書，頁二四二。

註三四：同上書，頁二四六。

註三五：同上書，頁二四六。

註三六：古代希臘人所說的美，在最廣泛的意義上也混淆了道德的美，因此古希臘人把倫理學包括在美學之中。參考：弗朗西斯・J．科瓦奇（Francis J. Kovach）《美的哲學》（諾曼，一九七四），頁一二。

註三七：孔子雖未明言性善，但從人人可以踐仁成聖暗示人之善性。

註三八：見《論語注疏・陽貨》，頁三九二。

註三九：見《論語注疏・雍也》，頁一三八。

註四〇：孔子說：「聖人，吾不得而見之矣；得見君子者，斯可矣」。見《論語注疏・述而》，頁一六一。

註四一：見《論語注疏・述而》，頁一六二。

註四二：參考：Immanuel Kant, op. cit., pp.89-90., p.119, p.126.

註四三：見《論語注疏・子罕》，頁二〇六。

註四四：見《孟子注疏・離婁・下》，頁三四八。

註四五：原文作：「或奏萬里而必至，既似知者」，據蘇輿校改作：「或奏萬里而必至，既似志者」，見《春秋繁露義證》（日本京都中文出版社，一九七三年影印宣統庚戌刊本），頁三〇〇。

註四六：見《春秋繁露義證》，頁二九九～三〇〇。

註四七：見《荀子・宥坐》，在《百子全書》（杭州：浙江人民出版社據掃葉山房一九一九年石印本影印，一九八四），下篇，頁二一一。

註四八：見《孔子家語・三恕》，在《百子全書》，卷二，頁四。

註四九：見王聘珍《大戴禮記解詁・勸學》（北京：中華書局，一九八三），頁一三五～一三六。

註五〇：見《百子全書・說苑・雜言》，卷十七，頁六。

註五一：見《論語正義・子罕》（北京：中華書局諸子集成本，一九五七），頁一八八。

註五二：見《論語注疏・雍也》，頁一三九。

註五三：見許維遹校釋《韓詩外傳集釋》（北京：中華書局，一九八〇），卷三，頁一一〇。

註五四：見《論語正義・雍也》，頁一二七引。

註五五：見《論語注疏・雍也》，頁一三九。

註五六：見《尚書大傳》（上海：商務印書館四部叢刊初編縮本）卷五，頁六四～六五。

註五七：見《韓詩外傳集釋》卷三，頁一一一。

註五八：見《百子全書・說苑・雜言》，卷十七，頁六。

註五九：見《論語注疏・子罕》，頁二〇八。

註六〇：見《莊子・讓王》（上海：中華書局四部備要本），卷九，頁一五。

註六一：見《呂氏春秋・孝行覽・愼人》（上海：商務印書館四部叢刊本），卷十四，頁一七～一八。

註六二：見應劭撰、吳樹平校釋《風俗通義校釋。窮通》（天津：天津人民出版社，一九八〇），頁二五二～二五三。

註六三：見《百子全書・荀子・法行》下篇，頁二三。按管仲有玉出九德的說法。見《管子・水地》（上海：中華書局四部備要本），卷十四，頁二。這大概是孔子以玉比德說所從出。

註六四：見《百子全書・荀子・堯問》，下篇，頁二五。

註六五：參考：鍾子翱《論先秦美學中的比德說》，見復旦學報（社會科學版）編輯部編《中國古代美學史研究》（上海：復旦大學出版社，一九八三），頁七四。

註六六：參考：北京大學哲學系美學教研室編《西方美學家論美和美感》（北京：商務印書館，一九八〇），頁一三。

註六七：同上書，頁六六。

註六八：參考：唐君毅《中國哲學中之美的觀念之原始及其與中國文學之關係》，見《中華人文與當今世界・上册》（臺灣：學生書局，一九七八），頁三〇一～三〇七。

註六九：參考：T.M. Mustoxydis' *Histoire de l'esthétique française,* 1700-1900 (Paris : Champion,

1920), passim.

註七〇：比德說雖然是審美者把主觀情感注入審美對象的一種移情作用，但是所審美的對象如不具備可以和審美者的品德相比附的某種審美屬性或特點，那麽，審美者想把主觀情感注入所審美的對象中也是不可能的。所以由比德說的的移情作用所構成的審美判斷，固然因滲入審美者的主觀情感而偏於內容的善，但也因包含了所審美對象的審美屬性而具有形式之美。不過這種美的形式由於內容的善積淀在其中而成爲「有意味的形式」（Significant Form）。按「有意味的形式」一詞係英國藝術評論家克里夫・貝爾（Clive Bell）用來說明視覺藝術的作用（見氏著 *Art*, London, 1914），此處只是借用。

註七一：參考：今道友信《研究東方美學的現代的意義》，在中國社會科學院哲學研究所美學研究室編《美學譯文・2》（北京：中國社會科學出版社，一九八二），頁三四六～三四七。

林徐典編《學術論文集刊》一集（新加坡國立大學中文系，一九八六）

叄、孟子的美學思想

一、美的普遍性

孟子（約前三七二～前二八九）肯定美的普遍性。

口之於味有同耆也，易牙先得我口之所耆者也。如使口之於味也，其性與人殊，若犬馬之與我不同類也，則天下何耆皆從易牙之於味也？至於味天下期於易牙，是天下之口相似也。惟耳亦然，至於聲天下期於師曠，是天下之耳相似也。惟目亦然，至於子都天下莫不知其姣也，不知子都之姣者，無目者也。故曰口之於味也有同耆焉，耳之於聲也有同聽焉，目之於色也有同美焉。至於心獨無所同然乎？心之所同然者，何也？謂理也，義也。（註一）

孟子把審美判斷和生理欲望相提並論，可見他不像一般西方美學家把生理的快適和審美快感嚴格地區分開來（註二）。孟子的主旨在說明美感和生理的快適都具有普遍性。孟子以「子都，天下莫不知其姣也，不知子都之姣者，無目者也」來證明「目之於色也有同美焉」的觀點。但是嚴格地說，這方面的普遍性只是大體上相同，而不是絕對的相同。因爲孟子在說明味覺、視覺和聽覺的普遍性之後，接下來說：「至於心獨無所同然乎？心之所同然者何也？謂理也、義也。」可見孟子是以味覺、視覺和聽覺來類比心覺的普遍性。類比不是嚴格的推理。味覺上的同嗜、聽覺上的同聽和視覺上的同美都是人所具有的大體相同的感性。這種感性上的大體相同並沒有絕對的普遍性。但是心覺對理、義的認同卻有絕對的普遍性（註三）。

這種融合了生理快適的美感所具有的相對的普遍性是否足以證明孟子主張審美意識具有客觀性呢？貫穿著整個美學史的主要傾向是：有些美學家想以人們鑒賞趣味的一致性去證明審美的客觀性；有些美學家卻想以人們鑒賞趣味的不同去證明審美的主觀性。勞倫斯丁・拉夫勒(Laurence J. Lafleur)認爲這些做法實際上是天眞的。因爲只要稍作考慮便可以知道審美趣味的一致性也可能在主觀的事情上出現；相反的，審美趣味的不一致性也可能在客觀的事情上出現（註四）。對孟子來說，審美意識所具有的普遍性來自人的自然生命之性。

口之於味也、目之於色也、耳之於聲也、鼻之於臭也、四肢之於安佚也，性也（註五）。

趙歧解釋說：

口之甘美味，目之好美色，耳之樂五音，鼻之喜芬香……四體謂之四肢。四肢懈倦，則思安佚不勞苦。此皆人性之所欲也（註六）。

孟子既然認爲人的耳目對美色和聲音所構成的審美意識不來自客觀的外物而來自人的內在的自然生命之性，那麼，孟子雖然主張審美意識具有相對的一致性，我們也不能把他看作客觀論者。在孟子看來，審美意識的普遍性無寧是來自「主觀上的普遍贊同」。這種主觀上的普遍贊同不是以概念來確定，而是在主觀上期待別人贊同（註七）。那是說，當我們面對具體的美的事物而感覺到它美，我們在主觀上便假定這種美感會獲得普遍的贊同，從而期待他人的同意。因此，對孟子來說，審美意識的普遍性不是客觀的而是主觀的。

二、道德美學

孟子不嚴格地區分生理的快適和審美快感。他把兩者都歸爲幸福原則下的事。孟子一方面嚴格地分別幸福和道德的不同，另一方面則說明兩者的密切關係，從而建立他的道德美學。以下試從這一思想方向對孟子的道德美學逐步疏解。

如上文所說，孟子籠統地把生理的快適和審美快感都歸結到人的自然生命的性上。這種自然生命的性在孟子的道德哲學體系中屬於第二層次的性，它和命有直接的關聯。所以孟子在肯定味覺、視覺、聽覺、嗅覺和觸覺是自然生命的性之後，接著便說：「有命焉，君子不謂性也。」（註八）

依據孟子的道德哲學，性有兩層意義：一層是感性方面的動物性之性，也就是低層次的性；另一層是仁義禮智的眞性，也即是人在價値上不同於禽獸的本質，這是屬於高層次的善性。孟子以爲口之於味、目之於色、耳之於聲、鼻之於臭、四肢之於安佚都是感性方面的性。這方面的性的實現要靠外在的因素決定，即是受到命限的約束，因此從事於道德實踐的君子便不認爲它是高層次的眞和善性。

廣土衆民，君子欲之，所樂不存焉。中天下而立，定四海之民，君子樂之，所性不存焉。……君子所性，仁義禮智根於心（註九）。

孟子分別所欲、所樂和所性的不同。但所欲和所樂的價值不同，它們之間還有級度可說。至於「所性」的價值則不在級度之中。因此它和前兩者的不同便顯示絕對價值和相對價值的差異。對於「所欲」來說，如富貴和權力方面的欲望，都可說是屬於感性的。至於能安定四海之民的「所樂」雖然比「所欲」較爲具有道德價值，但是因爲它和「所欲」都不是人人所可強求而得的，它們是屬於孟子所說「求之有道，得之有命，是求無益於得也，求在外者也。」（註一〇）所以它們和顯示絕對價值而「求在我者」（註一一）的「所性」便截然不同。

在孟子的思想體系中，「所欲」和「所樂」都受到命限的約束。嚴格地說，它們都是屬於幸福原則下的事。從幸福原則來說，能安定四海之民而王天下自然是富貴之極，但是富貴之極不必是幸福之極。

孟子曰：君子有三樂而王天下不與存焉：父母俱存，兄弟無故，一樂也；仰不愧於天，俯不怍於人，二樂也；得天下英才而教育之，三樂也。（註一二）

孟子所說的三樂：第一樂是屬於天倫的；第二樂是屬於修身的；第三樂則屬於文化的。這三樂都是最基本的。至於王天下則只是政治的。王天下雖然重要，但從文化整體來看，它到底不如三樂來得根本。再說，三樂也是最純淨無私的。王天下既不如三樂的純淨無私，它的內容又只限於暫時的功業，因此它的樂也不如三樂的持久。總之，廣土衆民的可欲不及王天下的可樂，王天下的可樂則不及基本的三樂。三樂雖然很接近「所性」，但因爲它受到命限的約束，所以它不算是所性的本身，而是屬於幸福的範疇。孟子逐層論析價值的判斷，終於衡定「所性」成爲一切價值的判斷準則（註一三）。

這種「所性」是屬於高層次的善性。如果人能充分實現「所性」，便能直接成就德行。因此「所性」和道德的關係是分析的。但是在所性中只間接綜和地函蘊幸福（包括「所欲」和「所樂」），因此「所性」與幸福是兩個既獨立而又相關的概念。依據孟子的義理，道德由「所性」而發，決不能由經驗和幸福方面建立。它完全是屬於理性的事，也是人之所以爲人而不能須臾分離的。至於幸福則屬於個體存在的事。它在人生中固然需要而且重要，但它必須以道德爲本。這樣說來，道德和幸福對現實人生所形成的關係，可以說是一種本末和綜和的關係（註一四）。

如果以道德爲本，把道德和幸福綜和起來，從孟子的義理體系上說，就是把所欲、所樂和所性加以綜和，於是便形成了最高的善。在最高的善中，道德和幸福既相一致，那麼，被幸福原則所統攝的審美意識便融入於道德的善之中。

> 浩生不害問曰：樂正子何人也？孟子曰：善人也、信人也。何謂善？何謂信？曰：可欲之謂善，有諸己之謂信，充實之謂美，充實而有光輝之謂大，大而化之之謂聖，聖而不可知之之謂神。樂正子二之中，四之下也。（註一五）

孟子把人格價值分爲善、信、大、聖、神六等，而逐等增進它的義蘊。善是可欲的意思，是說個體在行動之前有好的動機。信是有諸己的意思，是說個體能把好的動機表現爲好的行爲。美是充實的意思。焦循解釋「充實之謂美」說：「充滿其所有，以茂好於外，故容貌碩大而爲美。美指其容也。」（註一六）具體地說，是指個體在道德實踐之中能把自己外在的容色、應對進退等與內在的德性相融無間。這顯示美和善的密切關係（註一七）。大是充實而有光輝的意思，是說個體的踐德既內外一致，便有光輝顯現出來。聖是大而化之的意思，是說個體踐德的結果顯示一種極大的感染化育的力量。神是聖而不可知的意思，是說個體所表現的感染化育的力量最終與「天地同流」（註一八），令人莫測高深。

孟子對人格價值所分的六個等第大體上固然是對道德來說，但是在美的這個等第中已含有審美意識。美是道德的內容和形式的有機統一。關於這點，孟子在別的章節有具體的說明。

君子所性，仁義禮智根於心。其生色也，睟然見於面，盎於背，施於四體，四體不言而喻。（註一九）

在高層次的善性中，仁義禮智植根於道德心。這是人的內在的道德精神。人的內在的道德精神能夠表現於人的外在形體而使形體「生色」：它表現在顏面，使人的面容潤澤和悅；它表現在背部，使人的軀體看去宏偉高大；它表現在四肢，使人的四肢的動作自然地合乎禮儀而顯得優雅。

孟子也談論到人的內在的道德精神狀態能夠最清楚地顯現在人的眼睛裏。

孟子曰：存乎人者莫良於眸子，眸子不能掩其惡：胸中正，則眸子瞭焉；胸中不正，則眸子眊焉。聽其言也，觀其眸子，人焉廋哉（註二〇）！

如果人的胸中正，眼睛便顯出清明有光，否則黯然無光。由上述孟子的議論，可見他體認到人格的善反映了人的外在形體美，特別是美的面孔和眼睛。雖然如此，孟子並未意識到美的面孔和眼睛本身所包含的審美特質。（註二一）所以他並沒有從「自然」（註二二）建構一套獨立的美學。在孟子的體系中，它只是注重說明人格的美不但涵蘊道德的善，而且也包含了人的外在形體的美。道德的善如果只是一個概念，那不是感性地看得見的。但是在道德實踐中，人的外在形體的美便能感性地表現出來，這實在是一種美的理想。在康德（Immanuel Kant）的美學體系中也提到美的理想的問題。康德以爲美的理想是一個道德的理想怎樣在美的形象（即人的形體）中表現出來的問題。籠統地說，這和孟子的議論相似。但是康德以爲要表現這樣的道德觀念，還「必須結合著理性的純粹觀念及想像力的巨大力量。」（註二三）這卻和孟子由道德實踐以表現形體美有顯著的差別了。

在孟子所說的對人格價值品評的後四個等第中，大、聖、神三個等第雖然比美來得高，但都和美有密切的聯繫，因此不能把它們看作是單純的道德評價的範疇。事實上，孟子所說的美之後的三個等第，在後來中國美學中常常被視爲審美判斷的範疇（註二四）。

三、壯美論

上文討論孟子所說的對人格價值品評的六個等第中，美之後的「大」類似於西方美學所說的壯美或崇高美（註二五）。在康德的美學體系中，壯美雖然和道德感有密切的聯繫，但這種聯繫是對自然界的超越而取得的。就是說，在壯美之感中，人提升和擴大他的精神力量，於是超越了自然界而取得了道德和精神的勝利。（註二六）至於孟子所說的「大」則不是對自然界的超越而規定的。

但是孟子也不是完全缺少由於對自然界的超越而引生的壯美之感。孟子曾經贊嘆「孔子登東山而小魯，登泰山而小天下。」（註二七）孔子是由實踐道德而爲「集大成」的聖人。（註二八）他的精神力量能夠無限地提昇和擴大，於是他登上東山並不懾於東山的崇高而反覺魯國爲小；他登上泰山也不懾於泰山的巍然高聳而反覺天下爲小。由孟子看來，孔子所登臨的東山和泰山的本身還不是壯美。但是孔子由於登臨東山和泰山而引起內心的激蕩，於是透過他的無限的精神力量而感覺魯國和天下的渺小，這才構成了壯美之感。從孟子對孔子登臨東山和泰山的贊賞，足以顯示他能體會康德所說的數學上的壯美。（註二九）按：中國古代所說的壯美或崇高美大抵是指自然物和臺榭宮殿建築的高大壯觀而言。如《國語．周語》：「宮室不崇。」（註三〇）又如張衡《思玄賦》：「二女感於崇岳兮。」（註三一）這些都可以作爲例證。孟子則對自然物之被超越而引生的壯美感有所體會，這在中國美學史上具有開創性的意義。

此外，孟子對於康德所說的力學上的壯美（註三二）也有深刻的體會。

景春曰：公孫衍、張儀豈不誠大丈夫哉？一怒而諸侯懼，安居而天下熄。孟子曰：是焉得爲大丈夫乎？……居天下之廣居，立天下之正位，行天下之大道；得志，與民由之；不得志，獨行其道。富貴不能淫，貧賤不能移，威武不能屈，此之謂大丈夫。（註三三）

公孫衍（即魏人犀首）和張儀都是著名的說客和雄辯家。他們雖然「一怒而諸侯懼」，但他們所憑藉的只是口舌之辯，到底不足以稱爲大丈夫。孟子所心儀的大丈夫雖然面對各種強大的阻力，但能表現出「富貴不能淫，貧賤不能移，威武不能屈」的大無畏精神。大丈夫之所以能表現這種無限的精神力量是由於居廣居，立正位，行大道。據朱熹的解釋，廣居是仁，正位是禮，大道是義。（註三四）可見大丈夫勇敢而無所畏懼、百折而不撓的崇高性是和他的道德情操以及文化修養息息相關。

孟子曾經比較北宮黝和孟施舍兩人培養勇氣（不動心）的方法。他以爲孟施舍的養勇像曾子，北宮黝的養勇像子夏。接著他引用曾子從孔子那裡聽到關於大勇的理論：反躬自問，正義不在我，對方縱是卑賤的人，我不去恐嚇他；反躬自問，正義確在我，對方縱是千軍萬馬，我也勇往直前。孟子認爲孟施舍的養勇只是保持一股無所畏懼的盛氣，曾子卻以理的曲直爲斷。他因此論定孟施舍養勇的方法不如曾子（註三五）。從孟子肯定曾子學自孔子的養勇方法，也可見孟子認爲力學上的壯美是由道德修養培養起來的。

孟子也說過他自己四十不動心而善養他的浩然之氣。他爲公孫丑論述這種浩然之氣，說：

> 其爲氣也至大至剛，以直養而無害，則塞于天地之間。其爲氣也配義與道，無是，餒也。是集義所生者，非義襲而取之也。行有不慊於心，則餒矣。（註三六）

孟子認爲要培養這種至大至剛的浩然之氣，必須配合義和道，這樣它就能充滿上下四方而表現出無限的力量。蘇東坡對孟子所培養的浩然之氣有很好的體認和發揮，他說：

孟子曰：我善養吾浩然之氣。是氣也，寓於尋常之中，而塞乎天地之間。卒然遇之，則王公失其貴，晉、楚失其富，良、平失其智，賁、育失其勇，儀、秦失其辯，是孰使之然哉？其必有不依形而立，不恃力而行，不恃生而存，不隨死而亡者矣。故在天爲星辰，在地爲河岳，幽則爲鬼神，而明則復爲人。（註三七）

蘇東坡體認浩然之氣之爲精神實體，不受時空所限而力量無窮。孟子旣自道培養這種浩然之氣的正確方法，可見他不但在思辨上理解壯美，更能對之作深切的體認而躬身踐履。

從字面上看，孟子對於孔子登臨泰山而激發的主體的崇高之情以及他自己善養浩然之氣所湧現的無比的勇氣，都未把它們歸之於壯美。以上所論列的孟子對壯美的體會，一般人無寧看作是孟子討論道德人格修養的範疇。但如上所論，在孟子的思想體系中，美含攝於最高的善中。這種含蘊著美的最高的善可用「道」加以概括。孟子的弟子公孫丑曾向孟子慨嘆「道」的高且美。

公孫丑問：道則高矣、美矣，宜若登天然，似不可及也！何不使彼爲可幾及而日孳孳也？孟子曰：……君子引而不發，躍如也；中道而立，能者從之。（註三八）

衆所周知，孟子所說的「道」一般是以道德的善爲主要內容。（註三九）至於公孫丑所慨嘆的高且美的「道」則是涵蘊著美的最高的善。對於至善而含蘊著美的「道」，孟子強調須由主體的實踐加以體會，所以他說：「君子引而不發，躍如也；中道而立，能者從之。」孟子強調由主體的實踐去體會含蘊著美的「道」，豈不和上文所說：孟子要人經由主體的實踐去體會數學上以及力學上的壯美的議論正合符節？因此孟子對壯美的議論雖不明確，但理路還是可尋的。

四、藝術美學

孟子的藝術美學可分樂論和詩論二方面來討論。茲先討論他的樂論。

㈠樂　論

孟子對於樂的律甚爲重視。他說：

師曠之聰，不以六律，不能正五音。……（聖人）既竭耳力焉，繼之以六律正五音，不可勝用也。（註四〇）

中國古樂實際上有十二律，分爲陰陽兩組，即：黃鐘、太簇、姑洗、蕤賓、夷則、無射是陽律，總稱爲六律；大呂、夾鐘、仲呂、林鐘、南呂、應鐘是陰律，總稱爲六呂。但由於陰都統於陽，所以十二律概括地說成六律。（註四一）孟子在這裡所說的六律，其實是指十二律。他的意思是說有了十二律才能定五音的高低，也就是以律定音。（註四二）孟子注重以律定音，固然是從客觀上以理性探究音樂結構的本質，但同時他也從道德的體驗中說明音樂的時間形象。孟子說孔子由踐德體現無限境界而成爲時中之聖，就好比是奏樂的金聲而玉振，使條理始終一貫。這便指出樂的形式主要是以時間的形象來概括的。（註四三）

孟子不但從道德的體驗中說明音樂的時間形式，如上文所論述，他也認爲由道德實踐所達到的最高的善中包含了審美的意識。因此他更從至善的立場，主張民衆應該和諸侯國君一樣，對臺池鳥獸等自然之美有平等的欣賞權利。

孟子見梁惠王。王立於沼上，顧鴻鴈麋鹿，曰：賢者亦樂此乎？孟子對曰：賢者而後樂此，不賢者雖有此，不樂也。……文王以民力爲臺爲沼，而民歡樂之，謂其臺曰靈臺，謂其沼曰靈沼，樂其有麋鹿魚鼈。古之人與民偕樂，故能樂也。（註四四）

孟子以爲只有那些有道德的人才可以欣賞自然之美而獲得其中的樂趣，因此道德的善是審美活動的先決條件。正因爲如此，有道德的人如文王才尊重民衆而和他們同樂。

孟子進一步宣揚諸侯國君也應該和民衆共同享受鐘鼓管籥等藝術之美。

莊暴見孟子，曰：暴見於王，王語暴以好樂，暴未有以對也。曰：好樂何如？孟子曰：王之好樂甚，則齊國其庶幾乎！他日見於王，曰：王嘗語莊子以好樂，有諸？王變乎色，曰：寡人非能好先王之樂也，直好世俗之樂耳。曰：王之好樂甚，則齊其庶幾乎！今之樂猶古之樂也。曰：可得聞與？曰：獨樂樂，與人樂樂，孰樂？曰：不若與人。曰：與少樂樂，與衆樂樂，孰樂？曰：不若與衆。臣請爲王言樂：今王鼓樂於此，百姓聞王鐘鼓之聲、管籥之音，舉疾首蹙頞而相告曰：吾王之好鼓樂，夫何使我至於此極也？父子不相見，兄弟、妻子離散……此無他，不與民同樂也。今王鼓樂於此，百姓聞王鐘鼓之聲、管籥之音，舉欣欣然有喜色而相告，曰：吾王庶幾無疾病與，何以能鼓樂也？……此無他，與民同樂也。今王與百姓同樂，則王矣。（註

四五）

孟子主張國君和民衆同樂，除了從上面所說的道德觀點立論外，更提出了今樂猶如古樂的新觀點（註四六）。按：詩樂合一的古樂（先王之樂）是雅樂，而脫離了詩的今樂（如鄭聲）則是不合中和之道的俗樂。（註四七）這種俗樂雖然不合中和之道，但在感覺上給人帶來快感。它只以享樂作爲它的目的。如果依據康德對藝術的分類，它可以稱爲「快適的藝術」（Pleasant arts）。至於古樂則爲了社會交流的利益，它足以推進精神力量的修養。根據康德的分類，它可以稱爲「美的藝術」（Beautiful arts）。（註四八）孟子將今樂和古樂兼容並包，因此在音樂美學上，我們不能把孟子歸爲自治派（Autonomy），自然也不能把他歸爲他律派（Heteronomy）。就古樂而論，由於它具有享樂以外的目的，所以要鄭重地「端冕而聽，」（註四九）它是宮廷廟堂典禮中演奏的樂曲，盡是老套頭、少變化而枯燥呆滯，難怪魏文侯聽了昏昏欲睡。（註五〇）齊宣王也向孟子坦率承認不喜好這種古樂。孟子雖然主張以六律正五音而肯定古樂，但有鑒於古樂的繁文縟節和曲高和寡，因此致力於提倡投合時代，易爲大衆接受的新樂。這一來，不但能使上下同樂，而且提高人們對美的形態的多樣化的認識。

孟子提倡國君與民衆共同欣賞新樂的另一目的是期望維持政治的秩序。這是針對古代以及當時一些統治者溺於獨樂以致不能維持政治安定而發的。《呂氏春秋》記載「夏桀、殷紂作爲侈樂，大鼓、鐘、磬、管、簫之音，以鉅爲美，以衆爲觀……務以相過，不用度量……失樂之情。」（註五一）管子也指出：「桀之時，女樂三萬人端譟晨樂，晨聞於三衢，是無不服文綉衣裳者。」（註五二）墨子又說：「秦穆王（公）遺戎王以女樂二八，戎王沈於女樂，不顧國政、亡國之禍。」（註五三）墨子還說：「昔者齊康公興樂《萬》，萬人不可衣短褐，不可食糠糟。」（註五四）統治者把藝術享受建築在民衆的痛苦之上，自然會造成亡國之禍。孟子以此爲鑒，於是極力宣揚國君和民衆應該一同享受新興的民間俗樂。這一主張含有很大的合理性和平等性。在現代化的社會裏，合理性和平等性是判定現代化的一般準則，（註五五）由此看來，孟子這方面的美學思想實具現代的精神。

此外，孟子的樂論由於對道德理性的實踐而顯示現世主義的精神。這種現世主義的精神把人的情感導向倫理的社會人生，終於使樂在人文世界中發揮它的作用。孟子說：「仁言不如仁聲之入人深也。」（註五六）所謂「仁聲」，據張岱說，即如「帝力何有」之歌，不只是稱頌之聲。（註五七）由此可見孟子對音樂教化的深刻認識。孟子又說：

> 仁之實，事親是也；義之實，從兄是也；智之實，知斯二者弗去是也；禮之實，節文斯二者是也；樂之實，樂斯二者，樂則生矣；生則惡可已也？惡可已，則不知足之蹈之，手之舞之（註五八）。

孟子說樂的主要內容是從侍奉父母和順從兄長的道德理性實踐中得到快樂。這和樂在原始巫術歌舞中用作酬神相比，豈不看出現世主義精神的飛躍？從孟子的樂論所表現的現世主義精神來衡量，它也深具現代的精神。（註五九）

㈡詩　論

至於孟子的詩論，主要是討論「不以文害辭，不以辭害志」以及「以意逆志」的問題。那是孟子和他的學生咸立蒙在討論人際關係的過程中附帶引出來的。咸立蒙向孟子請教，說：道德高尚的人不敢以君爲臣、以父爲子，但是據說舜做了天子，前任天子堯曾經率領諸侯去向他朝拜，他的父親瞽瞍也來朝拜，容貌侷促不安。孔子因此說那正是天下危亡在即的時候。這些話是否眞實呢？孟子說明了歷史上並無堯以舜爲天子而朝拜舜的事。接著咸立蒙又提出另一個問題：《詩》中說「普天之下，莫非王土；率土之濱，莫非王臣」，舜後來既然做了天子，如何能說瞽瞍不是他的臣子呢？孟子解釋說，咸立蒙錯誤地理解他所引的詩，那首詩的意思並不是說天下所有的人都是天子的臣子，而是詩人哀嘆每個臣子都應該盡力於王事；唯有自己比別人多勞，以致不得奉養父母。孟子於是說明應該如何正確地體會《詩》。他說：「說《詩》者，不以文害辭，不以辭害志，以意逆志，是爲得之。如以辭而已矣，《雲漢》之詩曰，『周餘黎民，靡有孑遺』。信斯言也，是周無遺民也。」最後，孟子提出了「孝子之至，莫大乎尊親」的論斷，從而解釋舜雖然做了天子，也沒有把瞽瞍看作臣子（註六〇）。孟子的議論的主旨雖然在辯明儒家的人際關係，但由於孟子長於《詩》（註六一），因此當他引《詩》討論儒家的人際關係時，便進一步引出了如何體會詩的問題。

孟子對如何體會詩的問題分兩個層次來討論。在第一個層次上，他提出「不以文害辭，不以辭害志」的論點。這一議論的主旨在說明言有盡而意無窮的審美意象。所謂「不以文害辭」的文，據趙歧的注解，它是指「詩之文章」。具體地說，它指詩表現思想所使用的比擬、誇張、隱喻、象徵、暗示等詩的表現手法。如果我們認識詩的表現手法而「不以文害辭」，便能「不以辭害志」。因此孟子認爲如果不認識詩的語言的各種表現手法，徒然尋求字面的意義，便會誤會「周餘黎民，靡有孑遺」這兩句詩說的是周的人民都已死絕而無一遺存。其實這只是詩人用「文」所表現的誇張手法來表現詩人對罕見的大旱的憂懼。

孟子所說的「文」，如果用符號論美學（Semiotic aesthetics）的術語來說，它可以說是符號而不是記號。符號和記號不同：記號只指明一個事實。至於能給想像的靜觀提供形式的則是符號。詩作爲一種藝術，它是情感的符號而不是事實的記號。再說，詩作爲情感符號的藝術，它與「陳述」不同。一種陳述無論是歷史的、數學的或其它種類的，它歸根到柢是推理的，它如實地把思想落實在確定的概念上。但藝術則不是推理的。一首詩雖然也包含有推理的成分，但作爲一個整體，它是一種情感的而非推理的表現。它具有非概念所能窮盡的特徵。

話說回來，從孟子對文的認識，我們看出他對審美意象的深刻體會。審美意象必須憑藉想像力的創造活動，透過有限的感性形象而表達無限的理性概念。但因爲理性概念是無限的，所以不是那些非「文」的「記號」所能勝任；它必須藉助於不受概念限制的情感的「符號」（文）才有濟於事。孟子強調「不以文害辭」，不正是表示他對言有盡而意無窮的審美意識有深刻的體會？

在言有盡而意無窮的審美意識中，詩總有些含糊不清的區域。這些區域是由說詩者（接受者）來充實的。於是孟子討論說詩者如何體會詩的問題便進入了第二層次。上文說詩是情感的符號而不是事實的記號。這一認識很重要。因爲從這一認識可以直接引申出這樣的結論：詩的價值不取決於它所表示的對象是甚麼，而取決於它怎樣表示對象。孟子認爲詩是用詩的語言、再由「表現」的方式去表示詩人的「志」；說詩者則依據詩的語言用已「意」去尋求詩人的「志」，於是便接觸到孟子在詩論的第二層次上所討論的「以意逆志」的問題。

所謂「以意逆志」是指說詩者依據文辭以已意去尋求作詩者的志。（註六二）孟子所說的「以意逆志」固然是繼承古來的詩論傳統「詩言志」而說的，（註六三）但是如果只從審美意識來說，孟子這一議論實際上和他的道德哲學有密切的關係。如上所論，孟子認爲在幸福原則統攝下的審美意識具有相對的普遍性。因此說詩者在審美活動中能夠依據文辭以已意去尋求作詩者的志。據趙岐注解，說詩者之所以能「以意逆志」是由於「人情不遠。」（註六四）這也正符合孟子的意旨。在孟子的思想系統中，具有相對普遍性的審美意識雖然和具有絕對普遍性的至善（道）不在同一層次，但兩者卻有密切的關聯。因此那些在審美活動中表現相對普遍性的詩人便能體會具有絕對普遍性的「道」。孟子常引用孔子的話，說某個詩人了解「道」。如在《公孫丑上・第四章》說：

孟子曰：仁則榮，不仁則辱。今惡辱而居不仁，是猶惡濕而居下也。如惡之，莫如貴德而尊士，賢者在位，能者在職。國家閑暇，及是時明其政刑。雖大國，必畏之矣。詩云：迨天之未陰雨，徹彼桑土，綢繆牖戶，今此下民，或敢侮予？孔子曰：爲此詩者，其知道乎？能治其國家，誰

敢侮之？（註六五）

孟子所引的詩是《詩・豳風・鴟鴞》之篇。這詩的主旨是：詩人以鳥未雨綢繆而作巢，比喻一國之君應當在平時顧慮到禍患而加以預防（註六六）。可見這詩寫的是當然之事，從而表現詩的普遍性。孔子因此說作者能體會「道」。

孟子又在《告子上・第六章》說：

孟子曰：乃若其情則可以爲善矣，乃所謂善也。若夫爲不善，非才之罪也。惻隱之心，人皆有之；羞惡之心，人皆有之；恭敬之心，人皆有之；是非之心，人皆有之。惻隱之心，仁也；羞惡之心，義也；恭敬之心，禮也；是非之心，智也。仁、義、禮、智非由外鑠我也，我固有之也，弗思耳矣。故曰：求則得之，舍則失之，或相倍蓰而無算者，不能盡其才者也。詩曰：天生蒸民，有物有則，民之秉彝，好是懿德。孔子曰：爲此詩者，其知道乎？故有物必有則，民之秉彝也，故好是懿德。（註六七）

孟子在此所引的詩是《詩・大雅・烝民》之篇。這詩的主旨是：詩人以爲在一個社會裏，有了某種人際關係，便應當有相應於那種關係的法則，如有父子，便有慈孝之心，這是民衆所秉執的常性。由此可見人的常情應當對美德感到喜悅。（註六八）由此看來，孟子所引的四句詩也是寫當然之事，它自然也體現了普遍性。孔子也因此說作者對「道」有所體會。

總之，詩人既然在詩中表現普遍性而體會「道」，那麼，再進一步，在孟子的心目中，詩不但具有普遍性，它也和具有絕對普遍性的「道」很相近。所以孟子根據所引《詩・大雅・烝民》之篇來作爲他的性善說的根據。按：孟子對詩表現普遍性的體會和希臘哲人亞里士多德的意見很相似。亞里士多德在《詩學・第九章》說：

> 歷史寫已然之事，詩寫當然之事，因此，詩比歷史更富於哲學性，地位更高，因爲詩表現共相，而歷史只敍述殊相。所謂共相是指甚樣人在甚樣情境所必做的事，必說的話，雖然詩替人物取些專名，它的目的卻在這種普遍性。所謂殊相就例如阿爾豈比德那個歷史人物所做的或所遭遇的事。（註六九）

可見孟子和亞里士多德都認爲詩表現普遍性，因此詩自有詩的眞理，這種眞理在現實世界的實人實境中具體表現出來，並不如柏拉圖所說詩只產生幻相。（註七〇）具體地說，詩人的創作活動可以「表現」（言）人的眞情至性（志）。對說詩者來說，也由於詩表現普遍性，於是說詩者可以依據詩的語言用己意去尋求作詩者的志。

孟子在詩論的第二層次上討論到說詩者（即詩的接受者）如何體會詩的問題，這可見孟子已接觸到「文學的接受性」（The reception of literature ）問題。二十世紀的文學研究對文學的接受性問題從事探討而形成了一門「讀者接受美學」（Rezeptionsasthetik or The aesthetics of reception）的學說。（註七一）這是現代有系統地運用科學方法研究文學的一支，它的理論還在發展中。孟子的詩論只是偶然觸及文學接受性的問題。在研究的方法和具體內容上，孟子的詩論決不能和「讀者接受美學」完全地相提並論。但是從上文所論及的問題來看，孟子的詩論對文學本性的看法卻和讀者接受美學有大體相同的趨向，即：文學研究的對象，首先，它似乎不是作品，而是作品如何在接受的想像過程中被「具體化」；其次，它也不是「藝術成品」（即實質的印刷品或任何材料經過藝術加工後的成品），而是「美學客體」，即經過接受者想像力重組而存在於意識中的作品。孟子的詩論把握到文學的本性是「美學客體」，這不能不說具有重大的意義。

順便指出，孟子的「以意逆志」說曾受到後人的非議。上文已指出孟子的詩論不能和「讀者接受美學」完全地相提並論。因爲孟子在接觸「接受性」問題時，並未具體探討方法學上的問題，（註七二）所以他在處理說詩者的「意」和作詩者的「志」二者的關係時便難免有欠精當。這促使他依據「以意逆志」的原則去體會和引證詩時，有時難免陷於主觀甚至武斷的態度。近代學者對這點常致不滿。（註七三）其實，這是孟子受時代局限所造成的瑕疵。如果我們把握孟子詩論的精義，那麼，對於這一瑕疵又何必過於吹求！

此外，再附帶討論一下孟子注重文辭與思想的關係。孟子固長於言辭，也善於分析研究別人的話，識別它們的是非得失，並探尋出形成它們是非得失的原因。他說他聽了偏頗不正的話，便知道說話人的病根在於有所壅蔽；聽了放蕩的話，便知道他的病根在於有所沉溺；聽了邪僻的話，便知道他的病根在於叛離了正道；聽了躲躲閃閃的話，便知道他的病根在於理屈詞窮（註七四）。孟子之長於分析言辭和他善於培養浩然之氣有密切關係。他也認爲培養浩然之氣和謹守思想意志（保持思想意志的正確，使它合乎義理）應相輔而行。因爲思想意志是氣的將帥（註七五）。綜合以上的議論，可見在孟子的心目中，言辭的運用與思想意志的正確有關。如果把這個意思引申，那麼，要講究文學的修辭，便須注重思想的正確與崇高。孟子以雄辯闡述他的思想。他的思想因爲言之有文而傳之久遠；他的文章則因爲思想意志的正確崇高而「閎遠微妙。」（註七六）可見在孟子的文章中已充分體現他的美學思想。

五、結　語

孟子是孔子以後的儒學大師。他的思想以道德爲核心。因此他的美學思想自然和他的道德哲學不相分離。孟子融美學於道德哲學之中，這固然繼承儒家的傳統，但孟子在中國美學的發展過程中也有許多創見。首先，當指陳的是，在道德美學中，孟子雖然繼承孔子的傳統而把美融入於善，但孟子對人格美的分析卻較孔子來得深入和細緻，他所應用的範疇也較孔子爲多。其次，孟子由含蘊著美的至善（道）去體會壯美，於是超越傳統對壯美的看法而具有開創性的意義。至於在藝術美學方面，孟子對樂的鑑賞或不及孔子之臻於精微，但孟子肯認專爲娛樂而設的今樂，如從社會和政治的發展來看，則具有現代的精神。孟子在詩論中強調不以文害辭，不以辭害志以及以意逆志，這些命題雖然還不足以構成獨立的美學範疇，但它們都具有豐富的審美意識，對中國以後美學的發展，發揮了很大的啓示作用。此外，對於「自然」的審美，孟子雖然提到人的面孔和眼睛的審美意義，但也是把它們和內心的善聯繫起來說。因此孟子對於自然的審美欣賞也沒有構成獨立的體系。這也可以看作是他的美學思想中美中不足的所在。

【附註】

註　一：《孟子注疏・告子上》（北京：中華書局十三經注疏本，一九五七）卷十一上，頁四七〇～四七一。

註　二：J.H. Bernard (tr.), *Kant's Critique of Judgement* (London : Macmillan, 1914), PP. 53-55.

註　三：牟宗三《圓善論》（臺灣：學生書局，一九八五），頁三〇。

註　四：Laurence J. Lafleur, "A semi-statistical approach to a problem in aesthetics", *The Journal of Philosophy*, LII, 11 (May 26, 1955), P.281.

註　五：《孟子注疏・盡心下》，卷十四上，頁六〇九。

註　六：同註五。

註　七：同註二，頁六二。

註　八：同註五。

註　九：《孟子注疏・盡心上》，卷十三上，頁五五九。

註一〇：同上，頁五五〇。

註一一：同註一〇。

註一二：同上，頁五五八～五五九。

註一三：同註三，頁一五九～一六七。

註一四：同註三，頁一六九～一七二。

註一五：同註五，頁六一〇。

註一六：《孟子正義》（北京：中華書局諸子集成本，一九五七），頁五八五。

註一七：從這點上看，孟子和亞里士多德（Aristotle）的意見是相似的。關於亞氏論美和善的關係，參考W. Rhys. Roberts（tr.），*Rhetorica* in W.D. Ross（ed.），*'The Works of Aristotle*，Vol. XI（Oxford：Oxford University Press. 1946），P.1362b.

註一八：同註九，頁五五五。

註一九：同註九，頁五五九。

註二〇：《孟子注疏・離婁上》，卷七下，頁三二一。

註二一：關於面孔的美學意義，參考Matthew Lipman, *Contemporary Aesthetics*, Vol. 3（Boston：Allyn and Bacon, 1973）Ch. 4.

註二二：所謂「自然」是指一切非人工製造的東西。

註二三：同註二，頁九〇。

註二四：李澤厚、劉綱紀主編《中國美學史》（北京：中國社會科學出版社，一九八四），第一卷，頁一八四。

註二五：同上，頁一八五。

註二六：同註二，頁一三五～一四〇。按：在康德美學體系中，崇高莊嚴偉大爲一整詞，本文用「壯美」之習用譯名加以概括。

註二七：同註九，卷十三下，頁五七二。

註二八：《孟子注疏・萬章下》，卷十上，頁四二四。

註二九：關於康德所說的數學上的壯美，參考註二，頁一〇六～一二三。

註三〇：《國語》（上海：上海古籍出版社，一九七八），頁一一四。

註三一：《文選》卷十五，頁二一五（北京：中華書局影印胡刻本，一九八一）。

註三二：關於康德所說的力學上的壯美，參考註二，頁一二三～一三〇。

註三三：《孟子注疏・滕文公下》，卷六上，頁二六二。

註三四：《四書章句集注》（北京：中華書局，一九八三），頁二六六。

註三五：《孟子注疏・公孫丑上》，卷三上，頁一二八。

註三六：同上，頁一二九～一三〇。

註三七：《經進東坡文集事略・韓文公廟碑》卷五五，頁三一一（上海：商務印書館四部叢刊初編縮本）。

註三八：同註九，卷十三下，頁五八一～五八二。

註三九：如《告子下》：「堯舜之道，孝悌而已矣。」見《孟子注疏》，卷十二上，頁五〇四。

註四〇：同註二〇，卷七上，頁二九八。

註四一：李塨《學樂錄》卷二，頁二三b（四存學會叢刊）。

註四二：吉聯抗《孔子孟子荀子樂論》（北京：人民音樂出版社，一九八三），頁一七。

註四三：拙著《孔子的美學思想——論樂的功能以及人生和宇宙美》見《新加坡國立大學中文系學術論文・第二七種》（一九八五），頁五。

註四四：《孟子注疏・梁惠王上》，卷一上，頁二五。

註四五：《孟子注疏・梁惠王下》，卷二上，頁六七～六九。

註四六：于民、有嵛《孟子關於美和美感的認識》，見孔孟學研究叢書編輯委員會主編《孟子研究論文集》（山東：山東大學出版社，一九八四），頁四二〇。

註四七：俗樂除了脫離詩之外，也在形式上和音聲上超出雅樂的傳統規定。對這種音聲形式上的過度，歷來有不同的解釋。一種認爲俗樂越出了五聲音階的圈子；另一種則認爲雅俗樂的區別不在俗樂之聲越出五聲範圍，而在俗樂之聲不中律，雅樂之聲皆中律。此外，清李塨則認爲鄭聲或「過剛而殺伐，或過柔而淫靡」（《學樂錄》卷二頁三五b）。三者角度不同，但認爲俗樂超過正常傳統的規定則是共同的。參考于民《春秋前審美觀念的發展》（北京：中華書局，一九八四），頁一四九。

註四八：關於康德對快適和美的藝術的區分，參考註二，頁一八四～一八七。

註四九：《禮記注疏・樂記》（北京：中華書局十三經注疏本）頁一六四一。

註五〇：同註四九。

註五一：《呂氏春秋・侈樂》卷五，頁五（上海：商務印書館四部叢刊本）。

註五二：《管子・輕重甲》（上海：中華書局四部備要本），卷二十三，頁一一。

註五三：《墨子佚文》，見《墨子閒詁》（北京：中華書局諸子集成本，一九五七）附錄，頁一一。

註五四：《墨子・非樂上》卷八，頁五，見《百子全書》（杭州：浙江人民出版社據掃葉山房一九一九年石印本影印，一九八四）。

註五五：Baidya Nath Varma, *The sociology and politics of development : A theoretical study* （London : Routledge & Kegan Paul Ltd., 1980）PP.7-12.

註五六：同註九，頁五五五。

註五七：《四書遇》（杭州：浙江古籍出版社，一九八五），頁五三九。

註五八：同註二〇，頁三二九。

註五九：現世主義也是判斷現代化的一般準則之一。參考註五五，頁九～一〇。

註六〇：《孟子注疏・萬章上》，卷九上，頁三九二～三九三。

註六一：趙歧《孟子題辭》，《孟子注疏》，頁九。

註六二：朱自清《詩言志辨》見《朱自清古典文學論文集》上册（上海：上海古籍出版社，一九八一），頁二二二～二二三。

註六三：同註四九，頁一六三三；又見《春秋左傳注疏・襄公二七年》（北京：中華書局十三經注疏本，一九五七），頁一五一八；又見《尚書注疏・舜典》（北京：中華書局十三經注疏本，一九五七），頁一〇八。

註六四：趙歧注，同註六〇，頁三九三。

註六五：同註三五，卷三下，頁一五二。

註六六：同註三四，頁二三六。

註六七：同註一，頁四六八。

註六八：同註三四，頁三二九。

註六九：本段英譯文見 Ingram Bywater（tr.），*De Poetica* in W.D. Ross（ed.），*The Works of Aristotle*，Vol. XI，Ch. 9，P.1451b本段中譯則採自朱光潛譯《柏拉圖文藝對話集》（香港：文化資料供應社，一九七九），頁一三八。

註七〇：Paul Shorey（tr.），*Republic*（Mass：Harvard University Press，1930），PP.595a-608b.

註七一：關於讀者接受美學的理論，參考D.W. Fokkema & Elrud Kunnc-Ibsch，*Theories of Literature in the Twentieth Century*（London：C. Hurst，1977），PP.136-164.

註七二：現代的接受美學非常注重方法學上的問題，所以它對現代歷史資料、詮釋學（Hermenutic）、結構主義（Structuralism）等問題都有妥善處理。

註七三：施昌東《先秦諸子美學思想述評》（北京：中華書局，一九七九），頁八六～八八；韓林德《試論孟子的美學思想》，見復旦學報（社會科學版）編輯部編《中國古代美學史研究》（上海：復旦大學出版社，一九八三），頁一五三；李澤厚、劉綱紀主編《中國美學史》，第一卷，頁一九六。

註七四：同註三五，頁一三〇。

註七五：同註三五，頁一二九。

註七六：同註六一，頁一六。

林徐典編《學術論文集刊》二集（新加坡國立大學中文系，一九八七）

肆、荀子的美學思想

對荀子美學思想的討論，一般以荀子的哲學思想爲出發點。本文擬從另一角度，即從審美心理來探討荀子的美學。審美心理的發展過程主要是由動機、注意、情感、想像這些心理要素在起作用。以下試從這些要素的分析來把握荀子的美學。

一、審美動機

所謂動機是指個體對行動有意識地所體驗到的欲望，它支配個體爲實現特定的目的而採取的行動。一般上把動機分爲生理性和社會性兩大類。生理性的動機如耳、目、口、鼻、心所追求的各種欲望。這些欲望是與生俱來，它們是維持個體生存的內在動力。至於社會性動機則得自後天的經驗，它是個體要求社會化的表現。荀子對於和審美生理性動機相聯繫的感官欲望加以肯定。

夫人之情，目欲綦色，耳欲綦聲，口欲綦味，鼻欲綦臭，心欲綦佚，此五綦者，人情之所必不免也。（註一）

若夫目好色，耳好聲，口好味，心好利，骨體膚理好愉佚，是皆生于人之情性者也，感而自然，不待事而後生之者也。（註二）

凡人有所一同：飢而欲食，寒而欲煖，勞而欲息，好利而惡害，是人之所生而有也，是無待而然者也，是禹桀之所同也；目辨白黑美惡，耳辨音聲清濁，口辨鹹酸甘苦，鼻辨芬芳腥臊，骨體膚理辨寒暑疾養，是又人之所常生而有也，是無待而然者也，是禹、桀之所同也。（註三）

可見荀子肯定人們追求色、聲、味等所獲得的快感。他由人們的感官快感進一步肯定審美的生理動機。

鐘、鼓、管、磬、琴、瑟、竽、笙，所以養耳也。（註四）

荀子一方面固然肯定審美的生理性動機，另一方面，他對於審美的社會性動機更有深刻的認識。

故爲之雕、琢、刻、鏤、黼、黻、文、章，使足以辨貴賤而已，不求其觀。爲之鐘、鼓、管、磬、琴、瑟、竽、笙，使足以辨吉凶，合歡定和而已，不求其餘。（註五）

雕、琢、刻、鏤、黼、黻、文、章對人們所提供的視覺美感以及鐘、鼓、管、磬、琴、瑟、竽、笙對人們所提供的聽覺美感，都應有所節制，以維持社會的秩序。雕、琢、鐘、鼓等審美對象也具有辨貴賤、別吉凶的社會功能。這些社會功能，在荀子思想體系中原是禮義所提供的。荀子以爲和審美的生理性動機相聯繫的感官欲望是天生的「性」，至於辨貴賤的禮義則是後天的「僞」。性和僞必須相合，才能成就美。

性者，本始材樸也；僞者，文理隆盛也。無性則僞之無所加，無僞則性不能自美。性僞合，然

後聖人之名一，天下之功於是就也。（註六）

把性和僞相合以成就美的原則應用到審美上，那麼，和感官欲望相聯繫的審美生理性動機必須和審美的社會性動機相調和。要使審美的生理性動機和社會性動機相調和，必須借助於樂。所謂樂，不但指音樂，而且包含和音樂聯繫在一起的詩和舞。更廣泛地說，它包含一切藝術。在荀子看來，樂或藝術對於人們的情感欲望具有規範引導的作用，它能夠使那些本來是和人們的感官欲望相聯繫的生理動機，成爲符合於社會倫理道德的社會性動機。

樂也者，和之不可變者也；禮也者，理之不可易者也。（註七）

故樂在宗廟之中，君臣上下同聽之，則莫不和敬；閨門之內，父子兄弟同聽之，則莫不和親；鄉里族長之中，長少同聽之，則莫不和順。故樂者，審一以定和者也，比物以飾節者也，合奏以成文者也；足以率一道，足以治萬變。（註八）

荀子既以爲樂或藝術的功能足以使生理性動機協調於社會性動機，可見荀子的審美動機是偏重於社會性動機方面。

荀子在審美動機中，雖然偏重於社會性的方面，但是他對於和生理性動機相連繫的感官欲望，只主張藉樂加以節制調和，而不主張索性加以禁止，這一主張固然和「忍情性」的陳仲、史鰌不同（註九），也和孟子的「寡欲」說有程度上的差異（註一〇）。此外，荀子注重樂的調和功能而偏重於社會性動機，這雖然使他的審美動機具有功利的色彩，但由於他所講的功利是以人文化成爲歸依，所以

終究和墨子只從物質生活的層面講功利而反對音樂有很大的差距。（註一一）

必須進一步地指出，荀子注重樂的調和功能而偏重於社會性動機，於是在審美動機上，他便偏重於精神意志上的快感。

故人不能不樂，樂則不能無形，形而不爲道，則不能無亂。先王惡其亂也，故制雅頌之聲以道之，使其聲足以樂而不流，使其文足以辨而不諰，使其曲直、繁省、廉肉、節奏，足以感動人之善心，使夫邪汙之氣無由得接焉……故聽其雅頌之聲，而志意得廣焉；執其干戚，習其俯、仰、屈、伸，而容貌得莊焉；行其綴兆，要其節奏，而行列得正焉，進退得齊焉。（註一二）

君子以鐘鼓道志，以琴瑟樂心。（註一三）

荀子在審美動機上偏重於精神意志上的愉悅，這和儒家的道德美學有很密切的關係。（註一四）

二、審美注意

所謂注意，在心理學上是指對情境中某些部分或方面有所選擇的集中。具體地說，凡是處在注意焦點的東西都是注意範圍內最清楚的和最有分化的知覺現象或內容。進一步說，注意的選擇作用，主要決定於主體過去的經驗以及他的需要，當時的情緒，態度和價值。所以人們感知外界事物和主體的內心要求、態度有很密切的聯繫，也即是說，主體的各種因素支配著感官注意的選擇方向。

如上所論，荀子在審美動機中，既然偏重於社會性的動機，於是在審美中，注意的選擇便偏向於對象習性和人類品格的相對應。具體地說，當人們觀照對象而對它們進行審美時，便注意到這些對象和人以及人的生活美的品質有著某些聯繫，從而在審美中獲得美的愉悅。

孔子觀于東流之水。子貢問于孔子曰：君子之所以見大水必觀焉者，是何？孔子曰：夫水，徧與諸生而無爲也，似德。其流也埤下，裾拘必循其理，似義。其洸洸乎不淈盡，似道。若有決行之，其應佚若聲響，其赴百仞之谷不懼，似勇。主量必平，似法。盈不求概，似正。淖約微達，似察。以出以入，以就鮮絜，似善化。其萬折也必東，似志。是故君子見大水必觀焉。（註一五）

子貢問于孔子曰：君子之所以貴玉而賤珉者，何也？爲夫玉之少而珉之多耶？孔子曰：惡！賜！是何言也！夫君子豈多而賤之，少而貴之哉？夫玉者，君子比德焉。溫潤而澤，仁也。縝栗而理，知也。堅剛而不屈，義也，廉而不劌，行也。折而不撓，勇也。瑕適並見，情也。扣之，其聲清揚而遠聞，其止輟然，辭也。故雖有珉之雕雕，不若玉之章章。『詩』曰：言念君子，溫其如玉。此之謂也。（註一六）

荀子以爲水和玉之具有審美價值，在於它們的形象特徵足以暗示、象徵君子的德、義、道、勇、法、正、察、善化、志、仁、知、行、情、辭等美德，從而折射出君子的人格美。人們在觀水賞玉中，可以聯想到君子的人格美，從中吸收鑄造自己精神價值的因素。

荀子在審美注意中，固然偏重於對象習性和人們品格的對應，但他在對自然美的欣賞時，並不完全否定自然物的感性形式的美。如他在著作中所提到的「琅玕龍茲」等光華之美，「丹矸」「曾青」等色彩之美以及「山林川谷」形勢之美（註一七），都是從審美對象的光、色、形狀中感受到美。雖然如此，但荀子所強調的是人從客觀存在著的自然天地之間取其美，並且用之以文飾和養樂。

北海則有走馬吠犬焉，然而中國得而畜使之。南海則有羽翮、齒革、曾青、丹干焉，然而中國得而材之。東海則有紫紶魚鹽焉，然而中國得而衣食之。西海則有皮革，文旄焉，然而中國得而用之。故澤人足乎木，山人足乎魚，農夫不斲削、不陶冶而足械用，工賈不耕田而足菽粟。故虎豹爲猛矣，然君子剝而用之。故天之所覆，地之所載，莫不盡其美，致其用，上以飾賢良，下以養百姓而安樂之，夫是之謂大神。（註一八）

可見在荀子看來，自然物之所以美，即由於它們有用於人而足以爲人養樂。從這點來說，它還是和荀子在審美注意中偏重於對象的習性和人們品格相應的論調相符。引申地說，荀子對上述審美注意的偏重，可導致他比較重視事物之間關係的和諧，而較不重視個別事物的特徵。如說：「金、石、絲、竹者，所以導德也」（註一九），可以爲證。

復次，荀子把審美注意的選擇較多地指向人的風度、氣質和品行，這和柏拉圖（Plato, 427－347 B.C.）的想法有相似之處。（註二〇）按：人的風度、氣質和品行是屬於內在美，至於人的體態美則屬於外表美。內在美和外表美有矛盾對立的一面，但有時候外表美可以反映內在美，所以兩者也有統一的一面。荀子對於內在美和外表美的對立，主張人不可貌相，即認爲外表美未必反映人的內在美。他批評迷信的相人術：

古者有姑布子卿，今之世，梁有唐舉，相人之形狀顏色而知其吉凶、妖祥，世俗稱之。古之人無有也，學者不道也。（註二一）

荀子認爲人的形象高矮大小、相貌美好與醜陋並不是吉凶的反映。他舉出歷史上許多例子來說明：

蓋帝堯長，帝舜短；文王長，周公短；仲尼長，子弓短。昔者衞靈公有臣曰公孫呂，身長七尺，面長三尺，焉廣三寸，鼻目耳具，而名動天下。楚之孫叔敖，期思之鄙人也，突禿長左，軒較之下，而以楚霸。……故事（士）不揣長，不揳大，不權輕重，亦將志乎心耳。長短小大，美惡形相，豈論也哉？（註二二）

所謂「志乎心耳」，便是說衡量人的善惡，要識辨之於「心」而不能歸之於「相」。他再舉具體事實爲說：

且徐偃王之狀，目可瞻焉，仲尼之狀，面如蒙倛，周公之狀，身如斷菑，皋陶之狀，色如削瓜，閎夭之狀，面無見膚，傅說之狀，身如植鰭，伊尹之狀，面無鬚麋（眉），禹跳湯偏，堯舜參牟子。從者將論志意比類文學邪，直將差長短辨美惡而相欺傲邪！古者桀紂長巨姣美，天下之傑也，筋力越勁，百人之敵也；然而身死國亡，爲天下大僇，後世言惡則必稽焉。是非容貌之患也，聞見之不衆，論議之卑爾！（註二三）

由上的例子可知形相高矮大小，相貌美好醜陋都不是吉凶善惡的反映。荀子既反對以貌取人，於是嘲

笑那些「美麗姚冶，奇衣婦飾，血氣態度擬於女子」的人，說他們是世俗之亂民。（註二四）

從以上的論述，也可見荀子強調內在美，認爲內在美重於外表美。荀子於是提出一套認識內在美的方法：

故相形不如論心，論心不如擇術。形不勝心，心不勝術。術正而心順之，則形相雖惡而心術善，無害爲君子也。形相雖善而心術惡，無害爲小人也。（註二五）

荀子認爲觀察形相不如檢討思想，檢討思想不如審察行爲。行爲端正和思想正確的人，即使相貌長得醜陋，但不妨礙他是個君子；與此相反，如果行爲不端正和思想不正確的人，即使相貌長得漂亮，也不妨礙他是小人。總之，人的美的決定因素不是外在美而是內在美。

荀子偏重人的內在美，這是當內在美和外在美發生衝突時所採取的論點。至於當內在品質和外在形相協調時，荀子當然是肯定兩者的統一。

故說（悅）豫娩澤，憂戚萃惡，是吉凶憂愉之情發于顏色者也。歌謠謸笑、哭泣諦號，是吉凶憂愉之情發于聲音者也。芻豢稻粱酒醴餰鬻，魚肉菽藿酒漿，是吉凶憂愉之情發于食飲者也。卑絻黼黻文織，資粗衰絰，菲繐菅屨，是吉凶憂愉之情發于衣服者也。疏房檖須越席床第几筵，屬茨倚廬席薪枕塊，是吉凶憂愉之情發于居處者也。兩情者，人生固有端焉。（註二六）

荀子認爲可以從人的飲食、衣服、居處等物質生活方式、狀況以及人的顏色、聲音等所表現出來的感情變化以判別人在當時的吉凶。因爲內在品質和外在形相既相統一，即由人的外在形相足以反映人的內在品質，那麼，自然可以透過人的外在形相容貌態度的具體表現來判別他的善惡吉凶。

進一步地說，人的外在形相容貌態度既足以反映他的善惡吉凶，那麼在荀子看來，人的形相容貌的美醜並不是無意義的。荀子要求人的形相容貌、舉止表情都要符合禮的規範。

> 容貌態度進退趨行，由禮則雅；不由禮則夷固僻違，庸衆而野。（註二七）

人的衣冠態度、進退趨行既都符合禮的規範，由禮則雅，也就是美。深刻地說，人的衣冠態度、進退趨行之所以符合禮的規範而構成美感，那是由於好禮所致。

> 君子……勞勌（倦）而容貌不枯，好交也。（註二八）

按好交之交，當作「文」，文即禮。荀子認爲君子由於好禮而具有美的內在品質，即使勞倦，他的容貌還是美的。可見在荀子看來，不但人的美由人的內在美決定，人的外在美也是由人的內在美決定的。

荀子所偏重的內在美，它的具體內容除了禮之外，還有知。所謂禮，可以泛指道德的修養。荀子雖然依據儒家的傳統講個體人格在道德上的完善，並且也同以此爲美，但這不是荀子講人的內在美的要旨。荀子講人格修養重視「積」和「行」，和孟子講「養吾浩然之氣」大異其趣。（註二九）因爲重視「行」，所以荀子說：「相形不如論心，論心不如擇術。」至於所謂知，是泛指知識學問的修養。

> 君子之學也，以美其身。……君子知夫不全不粹之不足以爲美也。（註三〇）

人從事於全粹之學的知識修養，便足以美其身。全是指知識學問的廣度，粹則指知識學問的深度。所以荀子說：「身盡其故則美」。（註三一）又說：「辯則盡故」。（註三二）所謂故是指客觀事物的理則。荀子以爲具有深廣的知識學問而洞察事物的理則，人便足以成就其美。總之，包括禮和知的內在美，在荀子看來，它是偏向於禮的力行實踐和智性的深廣發展。所以能充分體現內在美而「積善全盡」的聖人，當較孔、孟心目中的聖人尤富於現實精神。

荀子在審美活動中，不僅討論注意的指向對象的問題，也涉及注意的強度性和持久性的問題。根據普通心理學，人們的注意可使大腦兩半球形成最優越的興奮中心。從審美的角度說，審美注意可以使主體產生強烈的美感愉快。但是由於審美動機的差異，便導致注意的強度的不同。如上所論述，荀子在審美活動中偏重於社會性動機而強調精神意志上的愉悅。這種對精神意志獲得愉悅的強調，有助於個體的人格修養，因此荀子把審美的感官享受只當作向精神意志愉悅的過渡。

樂者樂也。君子樂得其道，小人樂得其欲。以道制欲，則樂而不亂；以欲忘道，則惑而不樂。故樂者，所以導樂也；金、石、絲、竹者，所以導德也；樂行而民向方矣（註三三）

小人樂得其欲，這是審美上的感官享受，荀子對此固不抹煞，但他所注重的是君子以道制欲而樂得其道。

他同時肯定音樂足以引導人獲得精神意志的愉悅，也足以端正民衆的行爲趨向。於是推廣音樂的結果，便可使一般民衆從審美上的感官享受轉化爲精神意志的愉悅。在審美的過程中，感官愉快的需求既受到節制，那麼，由審美注意所產生的興奮強度也就相應地受到節制。

故人不能不樂，樂則不能無形，形而不爲道，則不能無亂。先王惡其亂也，故制雅頌之聲以道

之，使其聲足以樂而不流。（註三四）

且樂者先王之所以飾喜也；軍旅鈇鉞者，先王之所以飾怒也。先王喜怒皆得其齊焉。（註三五）荀子托古於先王，說先王所制作的雅頌之聲，足以使樂之聲令人快樂而不放縱。又說先王用樂表現歡樂之情而不過度。從這些論調可以看出荀子認爲在審美活動中，人們的激情應受到理性的節制。

至於注意的持久性問題，那須從審美注意的整體來看。荀子把審美的感官享受當作向精神意志愉悅的過渡，如果從表面上看，審美注意的時間不免縮短，但事實並非如此，因爲荀子認爲審美對象主要不是以感性形式使主體獲得愉悅及由之產生興奮，而是要從對象中找到能和精神意志愉悅相適應的「異質同構」的存在形式，以便滿足主體在精神意志昇華到愉悅的要求。於是審美注意便不能只停留在對象的淺表層次，而是深入到對象的深層結構之中，這一來，注意的時間就得以延長。

三、審美情感

上文討論審美注意的強度性時已涉及情感的問題，茲再對這問題作更具體的論述。所謂情感，它和情緒一樣，是人對現實的對象和現象是否適合人的需要和社會要求而產生的體驗。不同的個體對本身的需要和社會的要求有特定的制約作用，所以在各個個人的審美心理過程中，情感活動的強度和方向便有所差別；對於不同民族來說，情形更是如此。

上文在論及荀子的審美動機時說荀子雖偏重於社會性的動機，但同時並不抹煞生理性的動機。從這裡可以看出荀子對待情感是肯定的。其實，荀子對情感的態度視孔、孟更爲直接而且積極。

性者，天之就也；情者，性之質也；欲者，情之應也。以所欲也爲可得而求之，情之所必不免也。……故雖爲守門，欲不可去，性之具也；雖爲天子，欲不可盡。（註三六）

情是性的本質，它的具體表現是感官的欲望，這種感官的欲望可得而求之。既可得而求之，故欲不可去。荀子因此反對墨子的去欲說，也反對陳仲、史鰌的「忍情性」的迂論。

從另一方面說，雖貴爲天子，富有天下，也不可盡其欲，因爲欲盡則流。

生而有耳目之欲，有好聲色焉，順是，故淫亂生而禮義文理亡焉。然則從（縱）人之性，順人之情，必出于爭奪，合乎犯分亂理而歸于暴。（註三七）

縱情易流於感性之泛濫，禁情則易陷於理性之乾枯。要調和此中之偏差，須借助於樂。上文對荀子看到樂具有規範、引導情感的作用已略加論述。在這裡須要進一步說明的是：樂之所以具有調和情感的功能，在荀子看來，那是由於二者有共通之處。因爲情感的具體內容是喜、怒、哀、樂、怨等，樂則所以喚起人的喜、怒、哀、樂、怨的情感。

夫民有好惡之情，而無喜怒之應，則亂。先王惡其亂也，故修其行，正其樂，而天下順焉。（註三八）

樂既喚起人們的喜怒之情，於是樂的聲音節奏便和人們的情感相應。例如，樂的聲音節奏舒展、和諧、明快，就能喚起健康快樂的情感；勇猛、激奮、強烈，就能喚起剛強堅毅的情感；嚴正、端莊、誠摯，就能喚起嚴肅恭敬的情感；寬暢、圓潤、和順，就能喚起慈祥和緩的情感。反之，如果樂的聲音節奏邪惡、散亂、放縱，就會喚起淫亂的情感，荀子舉例加以說明：

> 齊衰之服、哭泣之聲使人之心悲；帶甲嬰冑、歌于行伍使人之心傷；姚冶之容、鄭衛之音使人之心淫；紳端章甫、舞「韶」歌「武」使人之心莊。（註三九）

情感和欲望相通，也就是和生理機制相關，荀子認爲人的情性之中有順氣和逆氣，樂中有正聲和奸聲，這也是兩相呼應的。

> 凡奸聲感人，而逆氣應之；逆氣成象，而亂生焉。正聲感人，而順氣應之；順氣成象，而治生焉。（註四○）

樂對人們的情感的影響，實質地說，是對人體中的血氣的影響。

> 君子以鐘鼓導志，以琴瑟樂心。動以干戚，飾以羽旄，從以磬管。……故樂行而志清，禮修而行成，耳目聰明，血氣和平，移風易俗，天下皆寧，莫善于樂。（註四一）

正聲引起順氣。所謂順氣，就是人的血氣和平。按生理、心理學的實驗證明，當個體高度興奮或憤怒時，由於腎上腺素的大量分泌，並經過血液運送到身體各部分，使心跳加速，血壓增高，皮膚充血。如果對這些現象不加節制，就會危害身體。所以，荀子認爲透過樂而使血氣和平，以便引導情感趨於和平（鐘鼓導志，所謂志，即是情），這是符合身心健康要求的。

由樂以使血氣和平，進而引導情感趨於平和，不但符合身心健康要求，也足以使社會達到和諧的境地。

樂中平則民和而不流。樂肅莊則民齊而不亂。……如是，則百姓莫不安其處，樂其鄉，以至足其上矣。（註四二）

樂既引導人的情感平和，進而使社會臻於和諧之境，於是在和諧的社會中，人們便可以獲得有節制的享樂。

知爲人主上者，不美不飾之不足以一民也，……故必將撞大鐘，擊鳴鼓，吹笙、竽，彈琴、瑟，以塞其耳；必將錭琢刻鏤，黼黻文章，以塞其目；必將芻豢稻粱，五味芬芳，以塞其口；……使天下生民之屬，皆知己之所願欲之擧在于是也。（註四三）

故人之情：口好味而臭味莫美焉；耳好聲而聲樂莫大焉；目好色而文章致繁，婦女莫衆焉；形體好佚而安重閒靜莫愉焉，心好利而穀祿莫厚焉。……人苟不狂惑戇陋者，其誰能睹是而不樂也哉？（註四四）

在和諧的社會中，人們有節制地獲得各種享樂，於是在進行審美活動時便將各種感官的享受溶爲一爐。荀子把味覺和視覺、聽覺的美感聯繫在一起，把色、音、味混合起來，這正是後世審美鑒賞論——滋味說的理論淵源。（註四五）

人們的各種美感是在情感平和以及社會和諧之中獲得的。反過來說，人們在審美過程中如果情感喪失平和的狀態，那麼便難以成就純粹的美感經驗。

心憂恐則口銜芻豢而不知其味，耳聽鐘鼓而不知其聲，目視黼黻而不知其狀，輕煖平簟而體不知其安。故嚮（享）萬物之美而不能嗛也，假而得問（閒）而嗛之則不能離也，故嚮萬物之美而盛憂，兼萬物之利而盛害，如此者，其求物也？養生也？粥壽也？（註四六）

所謂「嗛」，是滿足、快樂的意思，用美學術語說，可以說是美感經驗或美感效應。荀子以爲人們在進行審美活動時如果情感失調，便會構成審美的障礙。人們的情感失調，具體地說，那是由於自我感性、理性難以協調，因而導致身心失去平衡。

志輕理而不重物者，無之有也；外重物而不內憂者，無之有也；行離理而不外危者，無之有也；外危而不內恐者，無之有也。（註四七）

「理」和「物」之間距離的存在，實質地說，就是人們的感性和理性的衝突矛盾。感性和理性的對立是由於放縱情感和禁絕情感所致。所以如果能節制情感，自能解消感性和理性的衝突，從而使美感經驗得以完成。由此可見荀子以爲在審美活動中，情感應受到節制，荀子說「心平愉則色不及傭而可以養目，聲不及傭而可以養耳……故無萬物之美而可以養樂」（註四八），正是這個意思。

荀子主張審美情感應受節制，這樣的審美情感使人生保持積極進取的精神，在倫常日用中達到情欲的滿足和平衡。它既避免陷入反理性的熾熱迷狂和愚昧盲從，也避免用禁欲主義來扼殺個體的情欲要求。

四、審美想像

想像的產生過程，從生理和心理機制上說，那是相當複雜的。大腦皮層記錄過去的經驗，使它形成一種暫時聯繫系統。大腦皮層所記錄的經驗包含在人關於世界的表象和知識之中。至於經驗作爲暫時聯繫系統則是動態的，它在變化、補充和改造的過程中，被分出複合刺激物的部分和特徵被聯繫或綜合成新的組合，由此建立新的形象或新的形象系統。從想像的這一產生過程來看，想像可以說是在過去經驗基礎上的改造和新的綜合。至於進一步講到想像方式的運用，心理學一般把想像分爲再造性想像和創造性想像。所謂再造性想像，它是借助於綜合，即把基本的表象結合成複雜而完整的形象。這種想像的形成大抵是以現成的材料爲依據。具體地說，它是在詞的描述、說明或圖案等已有的表象基礎上建立起來的。創造性想像則是個體依照本身的創造所建立起來的當時還不存在的客體形象。大抵說來，審美認識的想像活動屬於再造性想像，藝術創作的想像活動則屬於創造性想像。這兩種想像雖有區別，但卻互相包含。正由於兩種現象互有聯繫，故以再造性爲主的審美欣賞過程中的想像也就包含再創造的因素。同理，以創造性爲主的藝術創作過程中的想像也包含再造或再現的因素。這種情況，在不同的藝術家中各具特色；至於在不同的民族中，那麼，他們在這方面所表現的特點更爲明顯。

在審美欣賞中，荀子的再造性想像包含很多的創造性因素。

君子以鐘鼓道志，以琴瑟樂心、動以干戚，飾以羽旄，從以磬管，故其清明象天，其廣大象地，

其俯仰周旋，有似四時。（註四九）

故鼓似天，鐘似地，磬似水，竽、笙、簫、箎、籥似星辰日月，鞉、柷、拊、鞷、椌、楬似萬物。（註五〇）

樂用特殊的藝術語言——節奏、旋律、和聲等以表現人們的情感，象徵人們的品格和道德觀念。但由樂的節奏、旋律以及和聲等所提供的現成表象體系，往往只作爲產生新的形象的出發點，而不是限制整個想像過程，也不是用現成的表象來固定想像的生發。進一步地說，作爲審美欣賞對象的樂雖然爲想像活動提供相當的基礎和依據，但它的作用只限於此，它本身還不是想像的成果。荀子說樂的音聲清明象天，樂的鐘鼓的龐大象地，樂的各種俯仰周旋像四時，樂的竽、簫等像星辰日月，樂的鞉、柷等像萬物。這一說法，除了反映荀子對以視覺爲主的自然美和以聽覺爲主的音樂藝術美的聯繫紐帶——審美通感的認識之外，也可見荀子體會到樂所提供的想像活動是無比的廣濶。它的境域包括了空間（天、地、星辰、日、月）、時間（四時）和萬物。於是人們在對樂進行審美欣賞時，便可超越樂的節奏旋律以及和聲所提供的現成表象體系，而以情感爲中介，在天地、四時、萬物之間極逞想像的能事。荀子欣賞樂時，既極逞想像的能事，這便可見在荀子的再造性想像有很豐富的創造性因素。

在另一方面，荀子的創造性想像則有較多的「再造」成分。在創造性想像中，由於沒有現成的表象體系，一切須靠主體想像的主動創建。當主體在主動創建想像活動時，常會受到其他方面的干預。上文論述審美動機時說荀子偏重於社會性動機。由於偏重於社會性動機，便難免把生命的主要注意力放在現世的功業上。在審美想像中，這種實用理性在心理的深層結構發揮很大的作用，它使創造性想像在相當程度上受到實用性的束縛。

> 精微乎毫毛而盈大乎宇宙。忽兮其極之遠也，攭兮其相逐而反也……德厚而不捐，五采備而成文……廣大精神，請歸之雲。有物于此：𠑃𠑃兮其狀，屢化如神，功被天下，爲萬世文。禮樂以成，貴賤以分，養老長幼，待之而後存……夫是之謂蠶理。有物于此，生于山阜，處于室堂，無知無巧，善治衣裳；不盜不竊，穿窬而行，日夜合離，以成文章。以能合從，又善連衡，下覆百姓，上飾帝王。功業甚博，不見賢良……長其尾而銳其剽者耶？頭銛達而尾趙繚者耶……既以縫表，又以連裏。夫是之謂箴理。（註五一）

在《荀子》一書中，只有《賦》是屬於藝術創作。在這篇創作中，他對各種自然物如雲、蠶和箴（針）等的想像都受到實用性的桎梏。例如他所想像的雲的形象，說它精微廣大，變化無方，充盈太宇，而總結爲「德厚而不捐，五采備而成文」。因此在荀子看來，雲的形象便具有禮和知的品質特徵。再如他想像針的形象是銳利而綽繚，能夠合縱連橫，縫表連裏，最後歸到它的實用性功能：「下覆百姓，上飾帝王」。至於對蠶的描寫，他更強調它的實用價值。在荀子看來，因爲蠶吐絲才有練帛、衣裳。衣裳不僅能夠禦寒，而且因它的文采而構成制度之詳，於是足以用來辨上下，別同異，決嫌疑，這正是荀子所說的禮的具體表現。總之，荀子由於受實用性的制約，使他在藝術創作的想像中所表現出來的再造性或表現性的成分多過於創造性因素。

由於在藝術創作的想像中表現出較多的再造性成分，所以荀子很強調規矩法度。

故繩墨誠陳矣，則不可欺以曲直；衡誠縣矣，則不可欺以輕重；規矩誠施矣，則不可欺以方圓，君子審于禮，則不可欺以詐僞。故繩者直之至，衡者平之至，規矩者方圓之至。禮者人道之極也。然而不法禮、不足禮謂之無方之民，法禮、足禮謂之有方之士。（註五二）

規矩法度表現在藝術創造上，使一切作品由於遵守法度而形成人工之美，這和重視天然之美的作品顯然六異其趣。中國後代那些注重人工美的藝術家顯然可以在荀子的美學思想中找到理論的淵源。

荀子在藝術創作的想像中表現出再造性成分多於創造性因素。如果以此和文藝復興時期的意大利美學相較，便可以看出二者有很大的不同。意大利在文藝復興的時候，由於個性得到很大的解放，現實生活中大膽探索的精神滲透到藝術的創作中，「再現」的規矩法度不再像過去那樣受到重視，個體的創造性活動達到空前的淋漓盡致的地步，於是各種驚天動地，恣肆汪洋的藝術形象應運而生。丹納（H.A. Taine, 1828-1893）說意大利人在文藝復興時期由於擺脫實際利益的束縛而表現豐富的想像力，因此他們所創造出來的藝術形象便達於登峰造極之境。（註五三）

五、結語

荀子的美學思想大體上是繼承孔、孟的美學思想體系而作進一步的發展和綜合。本文從審美心理來探討荀子的美學思想，顯示他所涉及的審美活動的幾個心理要素，彼此之間有密切聯繫。此外，在文中不但可以看出荀子繼承、發展孔、孟美學思想的地方，同時也可窺見荀子的美學思想和孔、孟美學思想相異趣的所在。至於荀子美學思想對後世的影響，在本文中也的然可見。

由於荀子的美學思想是附屬於他的哲學體系之中，所以本文無法追隨整個審美認識過程的每一個步驟而逐一進行分析。本文只抓住對審美活動有較大影響的幾個心理要素，並依據近人對審美心理的研究成果來加以探討。

（香港大學中文系於一九八七年十二月十六日至十九日舉辦該系六十周年紀念國際學術研討會，本文即據提呈大會之論文略加潤色而成。）

【附註】

註　一：《荀子・王霸》（明世德堂刊本。以下引荀子皆以此本爲據，並只注篇名）卷七，頁九b。

註　二：《性惡》卷十七，頁五a。

註　三：《榮辱》卷二，頁一八a～一八b。

註　四：《禮論》卷十三，頁一b。

註　五：《富國》卷六，頁六a～六b。

註　六：同註四，頁一六b～一七a。

註　七：《樂論》卷十四，頁五a。

註　八：同上，頁一b～二a。

註　九：荀子批評陳仲、史鰌之說，見《非十二子》卷三，頁一三b～一四a。

註一〇：《孟子・盡心下》（四部叢刊本）卷十四，頁一五a～一五b。

註一一：《墨子・非樂上》（四部叢刊本）卷八，頁一三b～一九b。

註一二：同註七，頁一a～二a。

註一三：同註七：頁四a～四b。

註一四：參考拙著《孟子的美學思想》，見新加坡國立大學中文系學術論文第三十六種，一九八六。

註一五：《宥坐》卷二十，頁五b～六b。

註一六：《法行》卷二十，頁一五a～一五b。

註一七：《强國》卷十一，頁一二a。

註一八：《王制》卷五，頁一〇b～一一b。

註一九：同註七，頁四b。

註二〇：參考A.E. Taylor, *Plato-The Man and His Work* (London : Methuen & Co. Ltd, 1937), pp. 229, 280.

註二一：《非相》卷三，頁一a。

註二二：同註二一，頁一b～三a。

註二三：同註二一，頁三a～四a。
註二四：同註二一，頁四a。
註二五：同註二一，頁一b。
註二六：同註四，頁一五b～一六b。
註二七：《修身》卷一，頁一二b。
註二八：同註二七，頁二〇b。
註二九：參考李澤厚、劉綱紀《中國美學史》第一卷（北京：中國社會科學出版社，一九八四），頁三三四。
註三〇：《勸學》卷一，頁七a～九b。
註三一：《解蔽》卷十五，頁一〇b。
註三二：《正名》卷十六，頁一一b。
註三三：同註七，頁四b。
註三四：同註七，頁一a～一b。
註三五：同註七，頁二b。
註三六：同註三二，頁一五b～一六a。
註三七：同註二，頁一b。
註三八：同註七，頁三b。

註三九：同註七，頁四a。

註四〇：同註七，頁四a。

註四一：同註七，頁四b。

註四二：同註七，頁二b～三a。

註四三：同註五，頁一二a。

註四四：同註一，頁一四b～一五b。

註四五：參考曹順慶《滋味說與美感論——中西文論比較研究札記》見《文藝理論研究》（一九八七年第一期），頁七〇。

註四六：同註三二，頁一九a～一九b。

註四七：同註三二，頁一九a。

註四八：同註三二，頁一九b～二〇a。

註四九：同註七，頁四a～四b。

註五〇：同註七，頁五b。

註五一：《賦》卷十八，頁一二b～一六a。

註五二：同註四，頁八b。

註五三：參考氏著《藝術哲學》（*Philosophie De L'art*）（北京：人民文學出版社，一九八一），頁一〇七。

林徐典編《學術論文集刊》三集（新加坡國立大學中文系，一九九〇）

伍、《樂記》的人生論美學

一、前　言

《樂記》非一人一時之作，大概是孔子以後到西漢中期以前，儒家討論以樂爲主，兼及於禮的綜合著作。（註一）

《樂記》雖以論樂爲主體，但古代的樂和詩、舞密切結合。《樂記》所謂樂，實際上兼及詩、舞爲說。又古代樂和禮的關係也很密切。樂和禮都各有器、文和質三方面。《樂記》常以禮樂並稱，它依據禮樂的文說明禮樂的質，即由禮樂的美學價值決定禮樂的藝術價值。具體地說，由禮樂的審美活動說明禮樂對人生和宇宙的作用。（註二）從審美上說，樂爲聽覺藝術，禮爲視覺藝術。本文注重由視覺和聽覺的審美活動論述禮樂和人生的關係。至於禮樂和宇宙的關係，則篇幅所限，將另外撰文論述。

二、樂的本源和作用

《樂記》以爲樂音的起源和情感有密切關係。

凡音者，生人心者也。情動於中，故形於聲，聲成文，謂之音。是故治世之音，安以樂，其政和；亂世之音，怨以怒，其政乖；亡國之音，哀以思，其民困。（註三）

孔穎達（五七四—六四八）《正義》：

上文云：音從人心生，乃成爲樂。此一節明君上之樂，隨人情而動：若人情歡樂，樂音亦歡樂；若人情哀怨，樂音亦哀怨。（註四）

《樂記》這一段話說明樂音隨人情的安樂、怨怒和哀思而發動。樂音所根源的情感既有各種天然的成分，其中夾雜著氣稟物欲和理性，這並不符合儒家聖王以「中和」爲標準的「君上之樂」。所以這種未經修飾的自然樂音，實際上是民間的樂音，而不是孔氏所說的「君上之樂」。君上或官方的音樂出於聖王的製作。

是故先王本之情性，稽之度數，制之禮義，合生氣之和，道五常之行，使之陽而不散，陰而不密，剛氣不怒，柔氣不懾，四暢交於中，而發作於外，皆安其位而不相奪也。然後立之學等，廣其節奏，省其文采，以繩德厚，律小大之稱，比終始之序，以象事行，使親疏、貴賤、長幼、男女之理皆形見於樂。（註五）

故樂者，天地之命，中和之紀，人情之所不能免也。（註六）

聖王制作音樂之時，固然也本之情性，但這種情已經修飾爲和，由此所體現的樂才是君上之樂。

君上之樂的另一來源是天道。《樂記》所謂「樂由天作」（註七），據孔穎達《正義》，說樂是聖王明於天道而作。（註八）

至於上述那種出於未經修飾的自然樂音，它有一種令人感到痛切和親切的特點。

樂者，音之所由生也，其本在人心之感於物也。……其怒心感者，其聲粗以厲；……其愛心感者，其聲和以柔。（註九）

樂音這種特點，只有從它同人類嗓音的聲調相類似的角度着眼才能理解。人類的嗓音只憑它的聲調就足以表現情感。如再經過聯想，更足以表現跟隨語言的聲調而來的情感。用符號美學的術語來說，音樂的本質作用，在於它能把情感形式用符號（聲調）表現出來。情感既然符號化，所以音樂便可以看成是人類情感生活的「聲音的類似物」。（註一〇）《樂記》便是依據情感的語言聲調說明聲樂（歌）的起源。

故歌之爲言也，長言之也。說之，故言之。言之不足，故長言之。（註一一）

歌是長言，這豈不是聲音的類似物嗎？

有的學者依據中國語言有四聲之分，而論斷中國語言這一特色爲中國音樂的基礎。（註一二）

故歌者上如抗，下如隊，曲如折，止如槀木，倨中矩，句中鉤，纍纍乎端如貫珠。（註一三）

這便是描寫歌者的聲調有上、去、平和入的變化。（註一四）聲調的變化顯然和情感有密切的關係。具體地說，聲調的變化，構成節奏的深刻效果，這便更能表現豐富的情感。根據生理和心理學的研究，人體的運動機制常和節奏配合。當人們聽見節奏聲音的時候，不但用注意力跟隨它們，而且也用肌肉、脚、頭腦、心靈和呼吸器官跟隨它們。人體的運動機制由於受到聲音刺激而產生動作。在聲音節奏和某些運動之間常有一種直接的心理聯繫；在情緒和運動的傾向之間也有同等直接關係。因爲情緒透過運動得到表現。每一種情緒都有一種具體的運動神經表現形式與它相應。因此有節奏的聲音和情緒之間的聯繫是明顯的。這種聯繫是一種共同運動神經結構、節奏喚起運動神經系統，使它立刻直接活動起來，因此也喚起相應的情緒本身。

是故志微噍殺之音作，而民思憂；嘽諧慢易、繁文簡節之音作，而民康樂。（註一五）

孫希旦《集解》：

愚謂志微，《漢書・樂志》作纖微，是也。纖微，謂樂音纖細而微眇也。諧，和也。慢，疏也。易，平也。繁文，文章繁。簡節，節奏簡也。……纖微噍殺之音，出於哀者也。以此感民，則民之心亦應之而哀矣。嘽諧慢易繁文簡節之音，出乎樂者也。以此感民，則民之心亦應之而樂矣。（註一六）

纖微噍殺、嘽諧慢易和繁文簡節都是指樂的節奏變化。由於節奏的不同，而喚起憂樂不同的情緒。音樂所表現的情感，並不限於聲樂的歌曲，各種器樂也是如此。器樂的出現，足以促成音律的精確。（註一七）

然後聖人作爲鞉鼓椌楬壎篪，此六者，德音之音也。然後鐘磬竽瑟以和之，干戚旄狄以舞之，

此所以祭先王之廟也。（註一八）

單個樂音雖然美，但很微弱，它必須和其他的樂音發生共鳴，形成對比或一致，這樣才能喚起更深刻的情感。

絲聲哀……竹聲濫……鼓鼙之聲讙。（註一九）

所以，對《樂記》來說，不論聲樂和器樂都足以表現情感。

從表面看，聲音和人類情感之間存在著極大的形式的差別性。前者是一種物理現象，後者則是一種心理現象。故漢斯立克（Eduard Hanslick, 1825-1904）認爲音樂的職能不能表現情感。如果說音樂同情感表現有某種關係的話，則至多只能說音樂可以表達情感的力度。具體地說，即表現情感變化的物理方面的屬性，諸如強、弱、快、慢、升、降等，而不能表現情感本身。（註二〇）但是，漢斯立克忽視音響結構之所以能夠表現特定的情感，其根本原因在於這兩者之間存在著極重要的相似點，即兩者都是在時間中展示和發展：在速度、力度、色調上具有豐富變化的，極富於動力性的過程。這個極其重要的相似點正是兩者之間得以溝通的橋樑。（註二一）除了這個理據之外，《樂記》之所以說樂起於人心，同時肯定樂能表現情感，也可以說是春秋以降人性覺醒的反映。（註二二）

三、聽覺美感——由樂以使情感藝術化

爲了描繪人性覺醒的全幅圖景，《樂記》進一步由音樂表現情感的深度，更深刻地說明音樂對情

感的影響，終於由聽覺美感促成情感的藝術化。

上文論述音樂表現情感，如具體而深入地說，樂表現情感而使心靈愉悅，實兼就道和欲兩層次來說。

> 樂者，樂也。君子樂得其道，小人樂得其欲。以道制欲，則樂而不亂；以欲忘道，則惑而不樂。是故君子反情以和其志。（註二三）

小人只樂得其欲。此層次之樂，由於「以欲忘道」，欲滲透於情，終致「惑而不樂」。要獲得眞樂，則須「反情以和其志。」所謂反情，據陳澔說，是「復其情性之正」。（註二四）要復其情性之正，除了使情感從欲望中跳躍上來之外，還須滌除氣禀之雜。

> 凡姦聲感人，而逆氣應之，逆氣成象，而淫樂興焉。正聲感人，而順氣應之，順氣成象，而和樂與焉。倡和有應，回邪曲直，各歸其分，而萬物之理，各以類相動也。是故君子反情以和其志，比類以成其行。姦聲亂色，不留聰明；淫樂慝禮，不接心術；惰慢邪辟之氣，不設於身體，使耳目鼻口，心知百體，皆由順正以行其義。然後發以聲音，而文以琴瑟，動以干戚，飾以羽旄，從以簫管。奮至德之光，動四氣之和，以著萬物之理……故樂行而倫清，耳目聰明，血氣和平，移風易俗，天下皆寧。（註二五）

所謂「惰慢邪辟之氣，不設於身體」，便是指氣禀之雜而言。《樂記》對氣禀之雜有非常深刻的體會。

> 是故先王……合生氣之和，道五常之行，使之陽而不散，陰而不密，剛氣不怒，柔氣不懾，四

暢交於中，而發作於外，皆安其位而不相奪也。（註二六）

孔穎達《正義》：

> 使之陽而不散者，陽主發動，失在流散。先王教之感陽氣者，不使放散也。陰而不密者，密，閉也。陰主幽靜，失在閉塞。先王節民情，感陰氣者，不有閉塞也。剛氣不怒，柔氣不懾者，言先王節之，使剛氣者不至暴怒，感柔氣者不至恐懼也。（註二七）

感受陽氣的人，常傾向於發動，而有流散的過失；感受陰氣的人，常傾向於幽靜，而有閉塞的毛病；感受剛氣和柔氣的人則常有暴怒和恐懼的偏差。先王「合生氣之和」，使感受陽氣的人不至流散，感受陰氣的人不至閉塞，感受剛氣和柔氣的人則不至暴怒和恐懼。於是由原始生命力所爆發出來的情感便由樂的陶冶而得到平衡的發展，這便是所謂「四暢交於中而發作於外，皆安其位，而不相奪」。到達這一境界，人的情感由於和暢而自然返歸於正。

情從欲望的糾纏和氣質的夾雜中跳躍上來，這便和上層的良心相融和（註二八），所謂「反情以和其志」，便是此意。按志是「情動」。（註二九）「反情」既然指反於性情之正，則情雖動而無不和，此表示情上融於良心，亦即情之深入生命內部之中。《樂記》由此講樂的創作。

> 德者，性之端也。樂者，德之華也。金、石、絲、竹，樂之器也。詩，言其志也；歌，詠其聲也；舞，動其容也。三者本於心，然後樂器從之。是故情深而文明，氣盛而化神。和順積中，而英華發外，唯樂不可以爲僞。（註三〇）

詩、歌、舞三者直接從心發出，本身便具備了藝術形式，而不須借助其他媒介，所以說「三者本於心」。詩、歌、舞三者本於心，可以說是一種內心圖象或內心視象，如借克羅齊（Benedetto Croce 1866－1952）的術語說，詩、歌、舞可以說是直覺的藝術。（註三一）詩、歌、舞三者的直覺的表現活動，它們的根源在於語言的聲調。如上所說，歌起於「長言」。由歌發展到舞，直覺的表現活動更爲明顯。

故歌之爲言也，長言之也。說之，故言之。言之不足，故長言之。長言之不足，故嗟歎之。嗟歎之不足，故不知手之、舞之、足之、蹈之也。（註三二）

由語言聲調（詩）以表現情感有所不足，進而用長言（歌）。長言仍不足以表現情感，則手舞足蹈（舞）起來，這可說是一個直覺的表現過程。

但音樂表現情感的過程，還可以深入地從生理學和心理學以至道德理性加以分析。上文引《樂記》說詩、歌、舞三者本於心。此所謂心，是籠統地指具有良知和欲望兩方面說。但情如從欲望的夾雜中超越，那麼，它便可和心所具良知的一面融和。情旣和良心融和，它便進入生命裏層，而達到「情深」的地步。這種深情是從欲望轉換而成的一種理想化的情感，或所謂審美的情感。情感旣已理想化而具有審美的性質，於是根源於心的詩、歌、舞經過「情深」的過濾而具有明確的節奏；再配合金、石、絲、竹各種樂器的演奏，於是將潛伏在生命深處的情散發出來，使生命得以充實，這便是所謂「氣盛」。順此以往，人生終於由樂的審美活動而藝術化。（註三三）

音樂的創作既決定於情深，那麼，對於創作者來說，他的情感固然是深刻地藝術化，至於對欣賞音樂的聽者來說，他們的情感也因此深受影響而趨向於藝術化。因爲音樂表現了藝術家的情感，如果這種表現是成功的，那麼，它就不但可以傳達藝術家的情感，而且聽衆也能在這種表現中發現自己的情感反應。

> 君子曰：……致樂以治心，則易直子諒之心油然生矣。易直子諒之心生，則樂。樂則安。安則久。久則天。天則不言而信。神則不怒而威。致樂以治心者也。……心中斯須不和不樂，而鄙詐之心入之矣。（註三四）

鄭玄（一二七—二〇〇）《注》：

> 致猶深審也。（註三五）

孔穎達《正義》：

> 致猶深審也者，言深遠詳審樂之道理能致如此，故云：致猶深審也云。（註三六）

近人說「致」是推擴之意。（註三七）這是推擴樂的功用，從而觀察樂對人的情感的影響。至於所謂「治」，則指對於心所包含的欲望和氣質加以融解和疏導而言。如上所論，情從欲望的糾纏和氣質的夾雜中超越，便和心的上層即良心相融和。於是推擴樂的功用以疏導心，此心便成爲具有性情之正的心，也即是所謂「易直子諒」而具有道德之情的心。易是和易。直是正直。「子諒」是慈良。（註三八）此一和易、正直以及慈良之心，既已消解了欲望的糾纏和氣質的夾雜，於是樂作用於此心，便足以讓心獲得悅樂。大凡欲望的生起，都由貪鄙而來。心之情如受欲望的糾纏和氣質的夾雜所干擾，則難免神勞而形苦。一旦擺脫這種干擾，心之情自然和樂而形成優美的性格。到此境地，人仰望他的性格，敬重他的威儀。他不須言說，而見信之如天；也不須發怒，而見畏如神。（註三九）

音樂美學所討論的主要論題之一是：音樂作品是否爲人類交流的一種手段？如果答案是肯定的，那麼，問題就轉爲：音樂交流的是什麼？它如何進行交流？上文已說明《樂記》以爲音樂之表現情感，不但是對創作者說，同時也是對欣賞音樂的聽衆說。可見《樂記》不把音樂只看作創作者的情感自我表現，它同時把音樂看作能影響人類的情感。由此推論，音樂自然也能表現人類的情感，而使彼此情感交流。問題還可由此往深層轉進：音樂對人的情感的影響究竟達到何種程度？據以上的論述，《樂記》所提供的答案是：音樂對人的情感的影響實不只是緩和短暫的激情，而是貫穿到意識和性格的深處。

音樂的情感美學作爲理論，它是一般模仿理論的一部分。茲就情感美學的模仿來說，它透過生動的抑揚頓挫的音調來表達所有的感情，描繪一切景象，表現一切事物，從而給人們帶來足以使之感動的情感。

然後發以聲音，而文以琴瑟，動以干戚，飾以羽旄，從以簫管……是故清明象天，廣大象地，終始象四時，周還象風雨……故樂行而倫清，耳目聰明，血氣和平，移風易俗，天下皆寧。（註四〇）

《樂記》在此雖然也偶而涉及樂對自然的模仿，但此所謂模仿，並不像繪畫那樣對事物形象的描繪。因爲事實上音樂並不表現那種繪畫意義上的形象。人們從音樂中感受最深的是它對情感的感染和影響力。模仿的因素即使在音樂中偶然出現，它往往只是一種附屬的因素。所以《樂記》盡管偶而涉及樂對自然的模仿，這種模仿實不能和繪畫或彫塑模仿自然的意義相提並論。何況上引《樂記》那段文字的主旨是在強調音樂的作用，也即是注重音樂對人的情感乃至意識的深刻影響。所以它說：「樂行而倫清，耳目聰明，血氣和平，移風易俗，天下皆寧。」陳暘說：

莊子曰：不雜則清……樂行而倫清，則八音克諧，無相奪倫，其倫之固已清而無患矣……以之行乎一身，耳目聰明於其外，血氣和平於其內。（註四一）

音樂透過本身的和諧之美，使人耳目聰明（註四二），血氣和平，終於促成情感的藝術化。

四、視聽之美的通感——由禮樂交通以使情感行爲藝術化

《樂記》注重音樂對情感乃至意識的功用，而不強調音樂對事物的模仿，這和中國古來傳統把藝術和現實相結合，固然有相承的關係（註四三），也和音樂的本質以及情感的性質有關。情感深入意識。意識深藏不露，難以宣示。不得已，藉音樂加以表現。音樂是時間的藝術，它涉及過程。情感的變化也牽涉時間的過程。音樂和情感由於性質相近，藉音樂表現情感固然比其他藝術來得適當，但情感所涉及的時間過程極難捕捉，所以音樂對情感的表現不能沒有極限。音樂在表現情感方面的極限可

以由它對情感的作用加以彌補。上文已說明《樂記》以為音樂對人的情感影響至為深刻。樂對情感的作用，可說是對人的一種聽覺美育。此一以樂為主體的聽覺美育須和以禮為主體的視覺美育相配合。（註四四）

故鐘鼓管磬，羽籥干戚，樂之器也。屈伸俯仰，綴兆舒疾，樂之文也。簠簋俎豆，制度文章，禮之器也。升降上下，周還裼襲，禮之文也。故知禮樂之情者能作，識禮樂之文者能述。（註四五）

禮樂都各有三層次：第一層次是器，第二層次是文，第三層次是質（情）。《禮記》依據儒家的傳統，它所注重的是第三層次的質。（註四六）

樂者，非謂黃鐘、大呂，弦歌干揚也，樂之末節也，故童者舞之。鋪筵席，陳尊俎，列籩豆，以升降為禮者，禮之末節也，故有司掌之。樂師辨乎聲詩，故北面而弦，宗祝辨乎宗廟之禮，故後尸。商祝辨乎喪禮，故後主人。是故德成而上，藝成而下，行成而先，事成而後。是故先王有上有下，有先有後，然後可以有制於天下也。（註四七）

《樂記》雖然注重禮樂的質，但禮樂的質須藉禮樂的器和文來表現。陳暘對上引《樂記》所論禮樂的器、文、質三者的關係嘗加發揮，他說：

先王之為樂也，發之聲音，則鑄之金而為鍾，其用統實以象地；節之革而為鼓，其用大麗以象天；越之竹而為管籥，則發猛以象星辰日月；磨之石而為磬，則廉制以象水；形之動靜，則羽籥以舞大夏，干戚以舞大武，以樂之器也，而象實寓焉。執其干戚，習其俯仰屈伸，容貌得莊焉；行其綴兆，要其節奏，行列得正焉，進退得齊焉。其治逸者，其行綴遠；其治勞者，其行綴短。一舒一疾，莫不要鍾鼓拊會之節，而兼天道焉。此樂之文也，而質實寓焉。其爲禮也，著之齊量：則外方以正，內圓以應，有父道焉，有夫道焉，簠之所以爲器也；內方以守，外圓以從，有子道焉，有妻道焉，簋之所以爲器也。暉之後數：其數以陽奇，俎之所以爲器也；其數以陰偶，豆之所以爲器也。又制度以等異之，文章以藻色之，禮之器然也，象在其中矣。龍之爲物，出入隱見，莫之能制，而裼襲如之：裼則見而成章，襲則隱而成體。故一升一降，上下周旋以合其儀，裼襲以美其身，禮之文然也，質在其中矣。然禮樂之情寓於象、質之微而難知，其文顯於器數之粗而易識。（註四八）

樂器的聲所形成的文具有象徵性。據陳氏說，鍾聲象徵地，鼓聲象徵天，管籥之聲象徵星辰日月，磬聲象徵水。此外，羽籥舞大夏，象徵文事；干戚舞大武，則象徵武備。至於禮器依據各自的形狀和紋樣所構成的文也具有象徵性。據陳氏說，簠象徵父道和夫道，簋象徵子道和妻道。樂器的「聲文」和禮器的「形文」，它們的象徵性雖未必如陳氏所確指，但陳氏之說，實有所據。如上文引《樂記》說樂「廣大象地」。鄭玄說：「廣大謂鐘鼓」。（註四九）孔穎達說：「廣大象地者，謂鐘鼓鏗鏘，寬廣壯大，以象於地也。」（註五〇）《樂記》還說：「宮爲君，商爲臣，角爲民，徵爲事，羽爲物」。（註五一）凡此都可見：「聲者，樂之象也。」（註五二）至於禮器本身的形和器物上的紋飾，它們

作爲一種符號而具象徵性，則更爲顯著。如玉作爲最早的禮器（註五三），即具象徵性。（註五四）此外，商周以來的青銅製禮器上的動物紋樣，也把藝術貫通於政治而顯現它的象徵性。（註五五）

樂文的進一步發展，即由樂律以規定樂音的高低、大小、輕重，再配合舞的動作快慢以及始終節奏等條件，這便構成了更深層次的文。這深層次的文，它的象徵性更爲深刻，這便構成樂的「質」。至於禮文的進一步發展，即由度數以規範禮儀的升降、進退、上下、周旋，再配合服飾之顏色、線條等條件，便構成了深層次的禮文。這深層次的文，它的象徵性也更爲深刻，這便構成禮的「質」。禮樂的質深微而難知。至於禮樂的文，由於有器數可稽（註五六），則顯而易見。（註五七）要體會禮樂的質，非借助於禮樂之文不可。大抵說來，樂的文是屬於聽覺方面。由於聲入心通，所以它和人的感情有直接的聯繫。至於禮的文，則屬於視覺方面。由視覺可以觀察行爲，於是禮文便和人的行爲有密切關係。具體地說，樂文的作用在表現和影響人的情感，有如上文所論述者。至於禮文的作用則把禮儀貫注於人的日常行爲中。

樂也者，動於內者也；禮也者，動於外者也。故禮主其減，樂主其盈。禮減而進，以進爲文；樂盈而反，以反爲文。（註五八）

鄭玄《注》：

進謂自勉強也。反謂自抑止也。文猶美也，善也。（註五九）

孔穎達《正義》：

故禮主其減者，行禮在於困匱，主在減損，謂人不能行也。樂主其盈者，作樂，人所歡樂，言樂主於盈滿，人皆欲得聞也。（註六〇）

吳澄（一二四九—一三三七）引朱熹說：

禮主其減者，禮主於樽節退遜檢束，然以其難行，故須勇猛力進始得，故以進為文。樂主其盈者，樂主於舒暢發越，然一向如此，必至於流蕩，故以反為文。禮之進，樂之反，便得情性之正。

又曰：主減者當進，須力行將去；主盈者當反，須回顧身心。（註六一）

陳暘說：

禮樂之於天下，無主不止，無文不行，故其情則中有主而能止，其文則外有正而能行，是主減主盈者，禮樂之情也。以進以反者，禮樂之文也。言減，則盈為增；言盈，則減為虛。言進，則反為退；言反，則進為出。禮主虛以減，則人情之所憚行，必以進為文，所以推而進之也。豈卑者舉之，罄者與之之意歟？樂主增以盈，則人情之所樂趨，必以反為文，所以抑而退之也。豈高者下之，饒者取之之意歟？今大禮以地制，未嘗不主減，然而饗必至於百拜，儀必至於三千，則禮減而進，以進為文可知。樂由天作，未嘗不主盈，然而合樂必止三終，奏韶必止九成，則樂盈而反，以反為文可知。（註六二）

綜合諸家之說，樂是人所歡樂，可見它主於盈滿發越。如一往如此，便至於流蕩，故從事於樂時，須回顧身心，「所以抑而退之」。然抑而退之之能行，則須有文以助成之。於是樂之「反於情性之正」便寓樂文之美。所謂「樂者，德之華」（註六三），正是此意。至於禮，則由於人在踐履之行中感覺困躓，可見它主於減損檢束，故行禮時，須勉強力行，「所以推而進之」，於是禮之「進於力行」便寓禮文之美。所謂「禮釋回增美」（註六四），正是此意。（註六五）

分疏地說，由樂文之美反映樂的「反於情性之正」，比較由禮文之美反映禮的「進於力行」爲尤難。

致樂以治心……致禮以治躬，則莊敬；莊敬，則嚴威。（註六六）

致樂所治之心，如上文所論述，既包含物欲、氣稟及良心各層次，則其性質隱晦而難測。至於致禮所治之躬，是躬行踐履，也就是行爲的意思。行爲表現於外，可以從客觀加以觀察。近代心理學的行爲學派以爲意識難以實測，於是將意識排除於心理學的研究之外，只從對行爲的客觀觀察作爲研究精神生活的基礎。但對《樂記》來說，情感、意識雖然隱晦深藏而難於被表現，但它並不加以排斥。如所周知，音樂作爲時間的藝術，它的節奏本有「序」的性質。樂這一性質可使它比其他藝術更能表現情感在時間中的變化過程。用朗格（Susanne K. Langer）的話說，樂能告訴我們「情感如何趨向」。（註六七）但這不是《樂記》所強調的。《樂記》所注重的是把樂的「序」的性質體現在社會關係上。

然後聖人作爲鞉、鼓、椌、楬、壎、篪，此六者，德音之音也。然後鐘、磬、竽、瑟以和之，干、戚、旄、狄以舞之，此所以祭先王之廟也，所以獻酬酳酢也，所以官序貴賤各得其宜也，

所以示後世有尊卑長幼之序也。（註六八）

古代作樂時，樂器和樂舞的多少都按照尊卑長幼有一定的規定，所以奏樂時「有尊卑長幼之序」。《樂記》不注重樂的「序」能告訴我們「情感如何趨向」，卻強調樂能引導我們的「情感應該如何表現」，此則須借助於樂的「和」。上文引《樂記》說「心中斯須不和不樂，而鄙詐之心入之」，因爲當情感還未從欲望中昇華，難免受外物牽引而浮動，影響所及，心態也呈現艱深險阻，心境於是陷入不和、不樂，甚至出現鄙詐之心。但如借助樂的和諧作用，不但能使心中之情趨於和平愉樂，更足以形成高尚的性格。

是故樂在宗廟之中，君臣上下同聽之，則莫不和敬，在族長鄉里之中，長幼同聽之，則莫不和順，在閨門之內，父子兄弟同聽之，則莫不和親。故樂者審一以定和，比物以飾節，節奏合以成文，所以合和父子、君臣，附親萬民也。（註六九）

鄭玄《注》：

審一，審其人聲也。（註七〇）

孔穎達《正義》：

故樂者，審一以定和者，一謂人聲，言作樂者詳審人聲，以定調和之音。但人聲雖一，其感有殊，或有哀樂之感，或有喜怒之感，當須詳審其聲，以定調和之曲矣。（註七一）

鄭玄和孔穎達對「審一以定和」都無善解。此當依陳暘之說：

一者，數之所始……今夫天得一以清，地得一以寧，樂得一以和。然則將欲定和，其可不審一乎？蓋五聲所以爲一者，以宮爲之君也；十二律所以爲一者，以黃鐘爲之本也。故審宮聲，則五聲之和定；審黃鐘，則十二律之和定，審一以定和也。（註七二）

據《樂記》所說，樂音生於人心之感於物，人心受物所動，實發爲喜怒哀樂之情。情受物而動，形於言，則爲聲。（註七三）故心以情變，情以物變，聲以情變。若情因物而變，影響至於心，則心不能自作主宰。心若不能自主，人將失其所以爲人之理。從客觀方面說，情受物影響而形於聲，這是順心理之自然。若能由主觀方面的人事以逆反，即審定聲之和，繼而審定律之和，於是形成樂之和。所謂和，是「以他平他」（註七四），即調劑兩種性質不同的東西，使它們達到和諧的狀態。（註七五）如就樂的十二律的和來說，便是陰與陽亦即律與呂的調和。樂具和的性質，也表現和的作用，故樂之和即足以穩定情感。情感內具於心，本雜有理性與欲望的成分。樂之和則能調和理性與欲望之衝突，使情感得以穩定而不再受外物所動搖。故「樂在宗廟之中，君臣上下同聽之，則莫不和敬，在族長鄉里之中，長幼同聽之，則莫不和順，在閨門之內，父子兄弟同聽之，則莫不和親」。君臣原有上下的不同，同聽樂時則莫不和敬；鄉里中原有長幼之別，同聽樂時，則莫不和順；閨門原有父子兄弟之異，同聽樂時，則莫不和親，這便是「樂統同」的精義（註七六）。

樂以和的作用穩定情感，這只是美育的聽覺方面。至於美育的視覺方面，則須由禮擔當。禮表現爲外在的行爲，行爲由禮之序使之合乎條理。（註七七）這一來，禮之序與樂之和配合，便相得益彰。

> 衰麻哭泣，所以節喪紀也，鐘鼓干戚，所以和安樂也；婚姻冠笄，所以別男女也；射鄉食饗，所以正交接也：禮節民心，樂和民聲。（註七八）

樂以和爲用，禮則以節爲用。節即表示秩序。

> 故樂也者，動於內者也；禮也者，動於外者也。樂極和，禮極順，內和而外順，則民瞻其顏色，而弗與爭也；望其容貌，而民不生易慢焉。故德煇動於內，而民莫不承聽；理發諸外，而民莫不承順。（註七九）

樂之和是對「動於內」的顏色、情感加以調和言，禮之順是對「動於外」的容貌，行爲加以節制，使之有序言。人的外在容貌行爲受節制而有序，這便是所謂「理」（註八〇）。另一方面，人的內在顏色，情感受調和而融入於理性之中，這便是所謂「德煇」。德煇動於內，反映聽之而悅樂；理發諸外，反映視之而合禮。陳暘說：

> 曾子言君子動容貌 斯遠暴慢矣；正顏色，斯近信矣。誠信達之於顏色，恭敬達之於容貌。君子內和於心以達誠信，則民瞻其顏色而弗與爭焉，以內信外也；外順於貌以達恭敬，則望其容貌而民不生易慢之心焉，以外直內也。《曲禮》曰：執爾顏，正爾容。《祭義》曰：有愉色者必有婉容。《冠義》曰：禮義之始在於正容體，齊顏色，是顏色之於容貌爲內，容貌之於顏色爲外，故於內和之樂言顏色，外順之禮言容貌。……君子所爲民視聽而以之者也，豈不爲民之耳目乎？揚雄曰：天之肇降生民，使其目見耳聞，是以視之禮，聽之樂。如視不禮，聽不樂，

雖有民，焉得而塗諸？可謂知比矣。（註八一）

由內和之樂獲致聽覺的愉悅，由外順（序）之禮獲得視覺的婉美。禮樂交通，於是視聽之美便寓於情感和行為之善中。情感和行為合成一不可分的有機體，視聽之美也交織成審美之通感。

世亂則禮慝而樂淫，是故其聲哀而不莊，樂而不安，慢易以犯節，流湎以忘本。廣則容姦，狹則思欲。（註八二）

鄭玄《注》：

廣謂聲緩也，狹謂聲急也。（註八三）

孔穎達《正義》：

廣謂節間疏緩……狹謂聲急，節間迫促。（註八四）

又：

寬裕肉好順成和動之音作而民慈愛。（註八五）

鄭玄《注》：

肉，肥也。（註八六）

又：

先王恥其亂，故制雅頌之聲以道之……使其曲直繁瘠，廉肉節奏，足以感動人之善心而已。（註八七）

孔穎達《正義》：

瘠謂省約……肉謂肥滿。（註八八）

綜合以上引文和注疏，可見《樂記》將時間上的遲速聽成空間上的大小。（註八九）也就是把樂所主的聽覺溝通於視覺。

故歌者上如抗，下如隊，曲如折，止如槀木，倨中矩，句中鉤，纍纍乎端如貫珠。（註九〇）

《樂記》這段話，是講審美通感的千古妙文。它用語精練，曲盡方物之妙。孔穎達《正義》：

上如抗者，言歌聲上饗（響）感動人意，使之如似抗舉也。下如隊者，言音聲下響感動人意，如似隊落之下也。曲如折者，言聲迴曲感動人心，如似方折也。止如槀木者，言音聲止靜感動人心，如似枯槀之木，止而不動也。倨中矩者，言其音聲雅曲，感動人心，如中當於矩也。句中鉤者，謂大屈也。言音聲大屈曲，感動人心，如中當於鉤也。纍纍乎端如貫珠者，言聲之狀，纍纍乎感動人心端正，其狀如貫於珠。言聲音感動於人，令人想形狀如此。（註九一）

孔氏大體上雖能體會這段文字所講通感之旨（註九二），但偶有歧出。如說：「上如抗者，言歌聲上響，感動人意，使之如似抗舉也」。其實，這是說歌聲上揚，有如物體之高舉；而不是說歌聲使人意如似高舉。（註九三）《樂記》要以目代耳，以說通感之妙。由通感說歌聲的形狀如何，這是樂的文，也是它的美學價值所在。至於感動人意或人心，則是歌聲的作用，這是樂的質，也是它的藝術價值所在。《樂記》注重由歌聲的形狀以說明歌聲對人意的感動，即注重歌者如何實現他的意向，而不注重歌者的意向是甚麼。換言之，《樂記》這段文章的意旨在說明藝術的價值決定於美學的價值，這正是音樂史上他律派的論點。（註九四）總之，樂的文和質兩者固有千絲萬縷的關聯，但也不宜混淆。唐宋以來學者對《樂記》這段文章的注釋，偶有善解，茲擇善而從，試加演繹如下：

歌聲上揚和下降，像物體高舉和墜落。歌聲迂迴，像物體盤曲纏繞。歌聲休止時，像枯槁的樹木直立不動。（註九五）歌聲小轉折，像物體楔入矩中。歌聲大轉折，像物體勾入鉤中。（註九六）歌聲連續不斷，像首尾聯成一貫的珠子。（註九七）

《樂記》這段文章極盡隱喻之能事，它以有形的物體代替無形的歌聲，於是將聽覺溝通於視覺，形成審美的通感。（註九八）

《樂記》講審美的通感，固未專就藝術本身來說。實際上，它更結合「感動人心」來說樂的作用。審美的通感在於說明藝術的最終目的是和諧、均衡和完整。（註九九）分疏地說，樂作爲聽覺藝術，足以使人的聲的欲望昇華；禮作爲視覺藝術，則足以使人的色的欲望昇華。但在視聽通感的審美中，人的聲、色之欲一體而化，故其感動人心，直由情感下貫於行爲，這便構成人格的和諧、均衡和完整。

從一體而化的圓融方面說，不但禮樂，甚至政刑，都可以說是「同民心」。但在分疏上，禮樂和政刑的作用到底有所不同。

禮以道其志，樂以和其聲，政以一其行，刑以防其姦。禮樂刑政，其極一也，所以同民心而出治道也。（註一〇〇）

陳澔（一二六一—一三四一）引劉氏說：

以禮而道其志之所行，使必中節……政以教不能而一其行。（註一〇一）

如上文所論述，樂所表現內心之情感只是心的部分內容。除情感之外，心的內容還有物欲、氣質和良心。故樂所表現的情感如要合理，必須「反情和志」，即須調和心的各部分內容，俾情雖動而無不和。情既動而和於性情，則進而由禮引導之，使之中節而成爲合理的行爲。用現代心理學的術語說，即養成良好的習慣。如果禮在培養良好習慣上有所欠缺，則由政刑加以彌補。可見禮有改變習慣的作用。良好習慣的養成，便可以把內在於生命各種良好的潛質加以實現。於是禮和樂配合，再濟以政刑，即構成治道。

治道雖然要由禮樂和政刑互相配合，但依儒家的理想，禮和樂的配合要比禮和政刑的配合來得多而且重要。（註一〇二）所以《樂記》和儒家的經典常以禮樂並稱。上文於禮樂的密切關係已詳爲論列。茲欲特別說明的一點，則樂固主情感，但從禮樂共同之處說，禮也有情感流露的一面。如喪禮、祭禮都可說是情感的流露。（註一〇三）由此可見，禮和樂一樣表露情感之和，進而作爲「序」以節制人的行爲。以此言之，禮之融於樂，實近於藝術美的情調，而遠於政刑的法律精神。上文引《禮器》說：「禮釋回增美」；《論語．學而》載有子謂禮以和爲貴，而顯示先王之道之爲美，（註一〇四）便都已透露此中消息。（註一〇五）

五、結語

《樂記》以禮樂並稱，注重禮樂之質，即重視禮樂的現實作用，以達致個人身心相安、社會和諧、政治安定的目的。但禮樂要表現上述的現實作用和目的，必須借助於禮樂的文。禮樂之文實具有審美的意義。禮樂之文所構成的美感是表現禮樂的現實作用和目的的必要條件。《樂記》依據儒家的傳統，固然強調禮樂的現實作用和目的，但它不能也未嘗忽略禮樂之文的美感作用。於是禮樂相互配合，讓人浸濡於視聽交融的美感之中，昇華他們對聲和色的欲望，形成高尚的情感和優雅的行爲，進而促進社會和政治的安寧。

禮樂的質具有永恆的意義和價值，這是歷來學者的共識。禮樂的質須藉禮樂之文來表現，禮樂之文可因時以制其宜，這也是學者所共識。但禮樂之文足以表現禮樂之質，這一事實也具有永恆的意義。復次，禮樂之文之能表現禮樂的質，實借助於審美的活動。這兩點則爲學者所罕措意。本文旨在發揮這兩方面的意蘊，但只是一初步的嘗試而已。

【附註】

註　一：孫堯年《樂記作者問題考辨》，見《文史》一九八〇年第十輯，頁一七五～一八九。

註　二：朱熹說：「看《樂記》，大段形容得樂之氣象；當時許多刑名度數，是人人曉得，不消說出，故只說樂之理如此其妙。今來許多度數都沒了，卻只有許多樂之意思是好，只是沒箇頓放處。」又說：「今則禮樂之書皆亡，學者但言其義。至以器數，則不復曉，蓋失其本矣。」見黎靖德編・王星賢點校《朱子語類》（北京：中華書局，一九八六），頁二二五二。按《樂記》固強調禮樂的義（質），但它也未嘗忽略禮樂之文的美感作用。

註三：《禮記・樂記》卷三十七，頁一五八六～一五八七，見《十三經注疏㈥・禮記正義》（北京：中華書局，一九五七年重印）。

註四：同上，頁一五八七。

註五：同上，頁一六二七～一六二八。

註六：同上，頁一六七七。

註七：同上，頁一五九九。

註八：同上，頁一五九九。按：把樂溯源於天，即將樂的音律和自然天道相結合，這是自然主義的思想。參考高友工《試論中國藝術精神・下》，見《九州學刊》第二卷第三期（一九八八年四月），頁七。

註九：同註三，頁一五八五。

註一〇：Susanne K. Langer, *Feeling and Form* (New York : Charles Scribner's Sons, 1953), P. 27. 又關於音樂的本源，可參考 Langer, *philosophy in a New Key* (Cambridge, 1960), pp.246～265.

註一一：同註三，頁一六七九。

註一二：John Hazedel Levis, *Foundations of Chinese Musical Art* (Peiping : Henri Vetch, 1936), P.47.

註一三：同註三，頁一六七九。

註一四：John Hazedel Levis, " The Musical Art of Ancient China " in *Tien Hsia Monthly* Vol. 1, no. 4 (November, 1935), P.410.

註一五：同註三，頁一六二五。

註一六：孫希旦《禮記集解㈩》卷三十七（上海：商務印書館萬有文庫本）頁四〇。

註一七：格羅塞著，蔡慕暉譯《藝術的起源》（北京：商務印書館，一九八四），頁二三六。

註一八：同註三，頁一六五八。

註一九：同註三，頁一六六〇。

註二〇：Gustav Cohen (tr.), *The Beautiful in Music* (New York : The Liberal Arts Press, 1957), pp.20-24.

註二一：于潤洋《對一種自律論音樂美學的剖析——評漢斯立克的〈論音樂的美〉》，見《音樂美學問題討論集》（北京：人民音樂出版社，一九八七），頁八一。

註二二：高友工，前揭文，頁六～七。

註二三：同註三，頁一六三三。

註　二四：陳澔《禮記集說》卷十八（明福建巡按吉澄刊本），頁一九b。

註　二五：同註三，頁一六三〇～一六三二。

註　二六：同註三，頁一六二七。

註　二七：同註三，頁一六二八。

註　二八：弗洛伊特（Sigmund Freud 1856-1939）以爲人格由伊特（id）、自我（Ego）和超我（Superego）三大系統組成。伊特是本能和欲望的中心。超我是人的道德律。自我則統轄伊特和超我。見“Formulations Regarding the Two Principles in Mental Functioning”, in *Collected Papers*, Vol. IV.（London : The Hogarth Press, 1946）, pp.13-21.

註　二九：《左傳》昭公二十五年孔穎達對「六志」的疏解。見《十三經注疏(七)‧春秋左傳正義》（北京：中華書局，一九五七年重印），頁二〇七三。

註　三〇：同註三，頁一六三三～一六三四。

註　三一：關於直覺和藝術，參考Douglas Ainslie（tr.）, *Aesthetic*（Boston : David R. Godine, 1978）, pp.12-21.

註　三二：同註三，頁一六七九。

註　三三：徐復觀《中國藝術精神》（臺北：學生書局，一九八三），頁二六～二七。

註　三四：同註三，頁一六七一～一六七二。

註三五：同註三，頁一六七一。

註三六：同註三，頁一六七二。

註三七：同註三三，頁二八。

註三八：朱熹說：「易直子諒之心一句，『子諒』從來說得無理會。卻因見《韓詩外傳》『子諒』作『慈良』字，則無可疑」。見前揭書，卷八十七，頁二二五六。

註三九：孔穎達《正義》，同註三，頁一六七二。

註四〇：同註三，頁一六三一～一六三二。

註四一：陳暘《樂書・禮記訓義》（《四庫全書》文淵閣藏本）卷十八，頁九a～九b。

註四二：樂爲聽覺藝術，其美感本以聽覺爲主。但樂之聽覺美感可貫通於視覺之中，故《樂記》此處以耳目相聯爲說。

註四三：關於中國古代藝術與實用的關係，參考張光直《中國古代藝術與政治・續論商周青銅器上的動物紋樣》，見《新亞學術集刊・中國藝術專號》第四卷（一九八三年），頁二九～三八。按古代藝術和現實的結合，不但中國爲然，西方的希臘也是如此。參考Thomas Munro, *Oriental Aesthetics* (Ohio : The Press of Western Reserve University, 1965), P.24.

註四四：關於樂和禮的一般關係，參考Ivo Supicic, "Music and Ceremony Another Aspect", in *International Review of the Aesthetics and Sociology of Music*, Irasm Vol.13, no. 1 (June, 1982), pp.22-35.

註四五：同註三，頁一五九九。

註四六：孔子說：「禮云禮云，玉帛云乎哉？樂云樂云，鐘鼓云乎哉！」見《論語・陽貨》，卷十七，頁三九六。見《十三經注疏(十)・論語注疏》（北京：中華書局，一九五七年重印）。

註四七：同註三，頁一六三九～一六四〇。

註四八：同註四一，卷十二，頁三b～四b。

註四九：同註三，頁一六三二。

註五〇：同註三，頁一六三二。

註五一：同註三，頁一五八七。

註五二：同註三，頁一六三四。

註五三：據王國維研究，禮始於祭祀，它的本字是豊，從玨在凵中，表示盛玉在凵中以奉神人。參考《釋禮》，見《王國維遺書》第一冊《觀堂集林》卷六（上海：古籍書店，一九八三重印），頁一四b～一五a。按中國到了龍山文化和略晚時期（二四〇〇～一九〇〇B.C.）即出現玉製禮器如琮、璧、瑗、環、璜等。參考鄭振香、陳志達《近年來殷墟新出土的玉器》，見中國社會科學院考古研究所編著《考古學專刊乙種第二〇號・殷墟玉器》（北京：文物出版社，一九八二），頁九。

註五四：管仲有玉出九德的說法，見《管子・水地》（上海：中華書局四部備要本）。卷十四，頁二。又《荀子・法行》亦載孔子以玉比德之說，見《百子全書》（杭州：浙江人民出版社據掃葉山房一九一九年石印本影印，一九八四），下篇，頁二三。

註　五五：張光直，前揭文。

註　五六：這是當《樂記》寫作的時代來講的。禮，尤其是樂，它們的器數在後代失傳的情況很嚴重。不過，由於近代地下文物的不斷發現，已略可彌補此一缺陷。如傳統樂律學已因曾侯乙墓的古樂器出土而得以重新估價。參考黃翔鵬《先秦音樂文化的光輝創造・曾侯乙墓的古樂器》，見《文物》，一九七九年第七期（總第二七八期），頁三四～三九。又：關於聽覺物理學和中國早期樂律學的討論，參考 Joseph Needham, *Science and Civilization in China*, vol. 4 (Cambridge, 1962), pp.126-228., Fritz A. Kuttner, " A musicological interpretation of the twelve lüs in China's traditional tone system ", in *Ethnomusicology*, Journal of the Society for Ethnomusicology, vol. 9, No. 1 (Jan. 1965), pp.22-38.

註　五七：按：禮樂的文可以說是形式，至於禮樂的質，可以說是內容。關於形式和內容的關係，參考高友工《試論中國藝術精神・上》，見《九州學刊》第二卷第二期（一九八八年一月），頁一〇～一一。

註　五八：同註三，頁一六七三～一六七四。

註　五九：同註三，頁一六七四。

註　六〇：同註三，頁一六七四。

註　六一：吳澄《新刊京本禮記纂言》第二十四冊，卷三十六，頁三〇a（明崇禎二年一六二九晉陽張養校刊本）。

註 六二：同註四一，卷二十八，頁一b～二a。

註 六三：同註三，頁一六三三。

註 六四：《禮記・禮器》見註三，卷二十三，頁一〇七五。

註 六五：宋陳北溪於禮樂之文助成禮樂之用，有深刻之體會。他說：「人徒見升降、裼襲有類乎美觀，鏗鏘節奏，有近乎末節，以爲禮樂若無益於人者，抑不知釋回增美，皆由於禮器之大備；而好善聽過，皆由於樂節之素明。」見丁克卿《周禮要義》（明嘉靖四十一年一五六二原刊本）引。

註 六六：同註三，頁一六七一～一六七二。

註 六七：Donald Davie, *Articulate Energy, -an Enquiry into the Syntax of English Poetry* (London: Routledge & Paul, 1955), P.7.

註 六八：同註三，頁一六五八～一六五九。

註 六九：同註三，頁一六七六。

註 七〇 註七一：同註三，頁一六七七。

註 七二：同註四一，卷三十，頁三b。

註 七三：同註三，頁一五八三。

註 七四：鄭史官伯對鄭桓公說：「夫和實生物，同則不繼。以他平他謂之和，故能豐長而物歸之。」見《國語・鄭語》（上海：古籍出版社，一九七八），卷十六，頁五一五。

註　七五：Kenneth De Woskin, " Early Chinese Music and the Origins of Aesthetic Terminology " in *Theories of Arts in China*, ed. Susan Bush & Christian Murch (Princeton : Princeton University Press, 1983), P.200.

註　七六：同註三，頁一六三七。

註　七七：今道友信謂「禮是舉止文雅的藝術」見《孔子的藝術哲學》，《美學譯文㈠》（北京：中國社會科學出版社，一九八二），頁三一七。

註　七八：同註三，頁一五九四。

註　七九：同註三，頁一六七三。

註　八〇：鄭玄《注》：「理，容貌之進止也。」孔穎達《正義》：「凡道理從內心而生，今云理發諸外，非道理之理，止謂容貌進止之理。鄭恐有道理之嫌，故云容貌之進止也。」見註三，頁一六七三。

註　八一：同註四一，卷二十七，頁五b～六b。

註　八二：同註三，頁一六三〇。

註　八三：同註三，頁一六三〇。

註　八四：同註三，頁一六三〇。

註　八五：同註三，頁一六二六。

註　八六：同註三，頁一六二六。

註　八七：同註三，頁一六七五。

註　八八：同註三，頁一六七六。

註　八九：錢鍾書《通感》，見《舊文四篇》（上海：古籍出版社，一九七九），頁五八。

註　九〇：同註三，頁一六七九。

註　九一：同註三，頁一六八〇～一六八一。

註　九二：同註八八，頁五三。

註　九三：孫希旦據方慤和郝敬之說，以爲《樂記》這七句都是以歌聲來說。所以孫氏引孔穎達《正義》釋「上如抗」句，還將「使之」刪去。見註一六，卷三十八，頁七四。

註　九四：Dusan Plavsa " Intentionality in Music " in *International Review of the Aesthetics and Sociology of Music*, Irasm vol. 12, no. 1 (June, 1981), pp.67-69.

註　九五：陳暘說：「止則立如槁木。」見註四一，卷三十二，頁二b。

註　九六：陳澔說：「倨，微曲也。句，甚曲也。」見註二四，卷十八，頁三九b。孫希旦說：「小折謂之倨，大折謂之句。」見註一六，卷三十八，頁七五。

註　九七：吳澄引方慤說：「纍纍乎，言其聲相繫屬，端如貫珠，言其終始兩端相貫而各有成也。」見註六一，頁四七a。

註　九八：關於審美通感的隱喻作用，參考Bateson, *An Ecology of Mind*, pp.139-140.

註　九九：Kenneth J. De Woskin, *A Song for One or Two : Music & the Concept of Art in early*

China (Ann Arbor : Center for Chinese Studies, The University of Michigan, 1982), p. 173.

註一〇〇：同註三，頁一五八五。

註一〇一：同註二四，頁二a。

註一〇二：孔子有「禮樂不興，則刑罰不中」之言。見註四六，頁二九一～二九二。

註一〇三：馮友蘭《中國哲學史・上册》見《三松堂全集》第二卷（河南：人民出版社，一九八八），頁三一八～三二七。

註一〇四：《論語・學而》，見註四六，卷一，頁二〇。

註一〇五：若以法控制人的行爲而遠於情，則流爲法家刑法之學。參考Benjamin I. Schwartz, *The World of Thought in Ancient China* (Cambridge, Massachusetts & London : The Belknap Press of Harvard University Press, 1985), P.329.

《中國學術研究之承傳與創新研討會》（香港大學中文系主辦）所呈論文　一九八九年十二月

陸、《樂記》的宇宙論美學

一、前　言

《樂記》由禮樂所表現的美學思想可分兩方面來說：一方面它說聖王本於人心（情）以制作禮樂，然後由禮以治躬，樂以治心。這是從禮樂與人生的關係闡明禮樂之美。（註一）另一方面，《樂記》把禮樂之美所兼具的倫理價值歸根於天地。它以為聖人（王）依據天地所昭示的道或理以制作禮樂，再由禮樂顯示天地之道。這是從禮樂與宇宙的關係來顯現禮樂之美，於是形成一宇宙論的美學體系。在這一美學體系中，它提出並回答了三個問題：一、禮樂昭示了宇宙的甚麼原理？二、禮樂怎樣昭示宇宙的原理？三、怎樣見得禮樂昭示了宇宙的原理？以下試具體論列。

二、禮樂昭示了宇宙的甚麼原理？

樂昭示了天主宰太始的隱微，禮昭示了地完成萬物的實際。

樂著大始，而禮居成物。（註二）

孔穎達（五七四～六四八）說：

樂著大始，而禮居成物者，言樂象於天，天爲生物之始。著猶處也，是樂處大始。禮法於地，言禮以稟天氣以成於物，故云禮居成物。（註三）

著是昭示的意思。大始是說天爲生物之始，也就是「乾知太始」的意思。

朱熹（一一三〇～一二〇〇）說：

乾知太始，坤作成物。知者，管也。乾管卻太始。太始即物生之始。乾始物而坤成之也。（註四）

陳暘說：

一陰一陽之謂道：麗乎一陽者，其道爲乾；麗乎一陰者，其道爲坤。蓋生於子，成於丑，而乾位亥前，故所知者太始。生於午，成於未，而坤位未後，故所作者成物。然太始，形之始，未離乎象；成物，器之終，未離乎形。乾能知太始，不能著其微而顯之。著其微而顯之者，樂也。坤能作成物，不能居其所而有之。居其所而有之者，禮也。樂以陽來，以天作。凡在天成象者，皆資之顯焉，豈非著太始之意歟？禮以陰作，以地制。凡在地成形者，皆資之居焉，豈非居成物之意歟？……乾知太始，坤作成物，天地之道；樂著太始，禮居成物，禮樂之道也。（註五）

樂顯乾（天）知太始之微，禮則居坤（地）所成之物而有之。從天地方面落實地說，天之主宰太始，由於不息；地之成物，由於不動。

著不息者，天也；著不動者，地也。一動一靜者，天地之間也。故聖人曰禮樂云。（註六）

孔穎達說：

著不息者，天也；著不動者，地也者，著謂顯著，言顯著明白，運生不息者，是天也。……顯著養物不移動者，地也。……言樂法於天，動而不息；禮象於地，靜而不動。（註七）

陳暘說：

乾則自彊不息，坤則至靜德方。天確而動，故其運不息。著不息者，樂之所以冥乎天也。地隤而靜，故其處不動。著不動者，禮之所以冥乎地也。有天地然後有萬物。萬物之情，非動則靜，而禮樂如之。樂主動，由中出則靜矣；禮主靜，交乎下，則動矣。萬物盈於天地之間，或類聚，或群分。域動者，有時而靜；域靜者，有時而動。一動一靜，而不主故常者，無適而非禮樂也。非聖人知禮樂之情，其孰能究此？故此繼之聖人曰禮樂云。（註八）

孫希旦（一七三六～？）說：

著不息者，天之動也；著不動者，地之靜也。一動一靜，充周乎天地之間，以始物而成物者，自然之禮樂也。惟天地之禮樂如此，故聖人之治天下，亦必曰禮樂云。（註九）

綜合諸家的注解，可知：著不息，顯示天之動；著不動，顯示地之靜。天地之間不外一動一靜。這足以說明天地生成萬物從始到終的過程。聖人默識這個道理，於是依據它來制作禮樂。

故知禮樂之情者能作……作者之謂聖。（註一〇）

樂由天作，禮以地制，……明於天地，然後能興禮樂也。（註一一）

孔穎達說：

此一節申明禮樂從天地而來。王者必明於天地，然後能興禮樂。（註一二）

聖人（王）既依據天地生成萬物之道以制作禮樂，更反過來以禮樂來昭示天地生成萬物之道。

天地生成萬物之道本是萬物所固有，所以聖人對它只能加以顯現，而不能加以創造。

然後發以聲音而文以琴瑟，動以干戚，飾以羽旄，從以簫管，……以著萬物之理。（註一三）

著是昭著的意思。可見聖人作樂只所以昭顯天地生成萬物之理。（註一四）

天地之生成萬物，它的方式是：天道生養萬物而不取，這是所謂「施」；地道則因萬物之材質而使它們成長，這是所謂「報」。

樂也者，施也；禮也者，報也。（註一五）

陳暘說：

天覆萬物，施其德以養之，與而不取，故曰樂也者，施也。地載萬物，因其材而長之，與而取之，故曰：禮也者，報也。（註一六）

可見樂道之施，即所以昭示天道生養萬物而不取；禮道之報，則所以昭示地道裁成萬物而與之。

天道動而覆育萬物，進一步由陽體現；地道靜而持載萬物，進一步由陰體現。

故聖人作樂以應天，制禮以配地。（註一七）

陳暘說：

天以至陽而職氣覆，地以至陰而職形載。樂由天作，而至陽之氣存焉；禮以地制，而至陰之形存焉。（註一八）

天道由陽生育萬物，其氣必須沖和；地道由陰持載萬物，其形之聚必須有序（中）。

吳澄（一二四九～一三三七）說：

天之產萬物也，陽也。陽以動爲主，即《樂記》所謂「著不息」也。順其動而不息，是以流行發達，或至於不中，而作之以陰德，則陰之靜者足以濟乎陽之動，其散見於萬物者，無非秩然品節，爲造化至中之理。聖人體是中以制禮，防天下之不中者也。地之產萬物者，陰也。陰以靜爲主，即《樂記》所謂「著不動」也。惟其靜而不動，是以深沉厚重，或至於不和，而作之以陽德，則陽之動者，足以濟乎陰之靜，其萃見於萬物者，無非翕然交暢，爲造化至和之理。聖人體是和以作樂，防天下之不和者也。（註一九）

聖人體地之序以制禮，體天之和以作樂。禮之序即所以昭示地所持載萬物之秩然有節。樂之和則所以昭示天所覆育萬物之翕然交暢。（註二〇）

地所持載萬物之秩然有節，落實地說，則萬物各散殊塗。天所覆育萬物之翕然交暢，具體地說，則萬物合會齊同而變化。

天高地下，萬物散殊，而禮制行矣；流而不息，合同而化，而樂興焉。春作夏長，仁也；秋斂

冬藏，義也。仁近於樂，義近於禮。（註二一）

孔穎達說：

天高地下，萬物散殊，而禮制行矣者，以天高地下不同，故人倫尊卑有異，其間萬物各散殊塗。禮者，別尊卑，定萬物，是禮之法制行矣。流而不息，合同而化，而樂興焉者，言天地萬物流動不息，合會齊同而變化者也。樂者，調和氣性，合德化育，是樂興也。（註二二）

萬物既各散殊塗，則每一事物各具有它的特殊性，包括特殊的狀態、活動和方位。這是宇宙法則中的「異」。從這方面說，它不與其他事物完全相同或互相混雜。所以萬物雖然雜處在一起，卻井然有序，這便是所謂「天高地下，萬物散殊」的意思。事物彼此雖然相殊，但並非不相交涉。任何事物都和其他事物有或多或少的關係。這可說是宇宙法則中的「同」。從這方面說，每一事物雖然各有特定的狀態和方位，但卻合會齊同而變化無窮，生生不息。這便是所謂：「流而不息，合同而化」的意思。

禮法宇宙「天高地下，萬物散殊」而辨異，樂則法宇宙「流而不息，合同而化」而統同。（註二三）同之爲「流而不息」，即自然界的春作夏長。異之爲「萬物散殊」，則爲自然界的秋斂冬藏。劉氏解釋上面《樂記》那段引文，說：

高下散殊者，質之具，天地自然之序也，而聖人法之，則禮制行矣。周流同化者，氣之行，天地自然之和，而聖人法之，則樂興焉。春作夏長，天地生物之仁也，氣行而同和，故近於樂。秋斂冬藏，天地成物之義也，質具而異序，故近於禮。（註二四）

聖人法自然之序（異）以制禮，更由禮之定尊卑而昭示萬物散殊之序。另一方面，聖人則法自然之和（同）以作樂，更由樂之合德化育而昭示萬物合同而化。

從概念的分疏上說，同和異固然有別。但在天地生成萬物的過程中，同和異則相反相成。如果只有同而沒有異，則不能形成宇宙萬物的參互錯綜的聯繫。如果只有異而沒有同，也同樣地不能形成世界萬有的參互錯綜的關係。

禮樂固然效法宇宙法則的同異，同時也把自然法則的同異昭示出來。

> 樂者爲同，禮者爲異。同則相親，異則相敬。（註二五）

> 禮者，殊事合敬者也；樂者，異文合愛者也。（註二六）

殊事是自然的分歧，合敬則是分歧間的序理關係。由此可見禮之異含有合（同）。同理，樂之合（同）也含有異。

同和異所形成的事物間的參互錯綜關係，具體地說，只有同而沒有異，則宇宙沒有躍進，於是不能形成創新。宇宙萬物必須各依本身的特性，然後合會齊同而相因相續，相生相養。這樣，才能躍過「同」而具創新的意義。（註二七）從另一方面說，只有異而沒有同，則宇宙萬物不能持久而喪失永恆的意義。上文引《樂記》說：「樂著大始，而禮居成物。著不息者，天也；著不動者，地也。」（註二八）於此可見天地之不息、不動形成了創新與永恆的活動：一方面由不息而創新不已，一方面則由不動而達到持久之永恆。（註二九）聖人之制禮作樂，正所以昭示宇宙這一根本原理。（註三〇）

三、禮樂怎樣昭示宇宙的原理？

聖人取象於天以作樂，取法於地以制禮。這是籠統地說，也是主觀地說。如果從客觀方面而且具體地說，聖人制作禮樂實依據於自然之數。此外，聖人也根據本身的道德實踐以制禮作樂。茲先討論禮樂制作在數方面的依據。

㈠禮樂以數昭示宇宙的原理

樂律的根本在數。朱載堉（一五三六～約一六一〇）說：

> 夫音生於數者也。數眞，則音無不合矣。（註三一）

朱氏又說：

> 夫樂也者，聲音之學也；律也者，數度之學也。（註三二）

以數為依據而構成的樂律學，它的原則有四。朱載堉說：

> 歷代群儒言律呂者不過四法：一曰長短之形，二曰容受之積，三曰審音，四曰候氣。以理論之，長短之形，律之本也。是故有定形而後有容受之積，有眞積而後發中和之音，有正音而後感天地之氣。（註三三）

所謂長短之形是指器數，容受之積則指容積或體積。器數和體積屬於量，審音和候氣則屬於質。量方面的器數和體質直接與數量有關。《樂記》論樂偏重於義理，對於樂的器數往往語焉不詳。但依據歷

代學者的注解，也可以把《樂記》所涉及而未詳說的器數鈎畫出一大體的輪廓。（註三四）

> 大樂與天地同和，大禮與天地同節。（註三五）

鄭玄（一二七～二〇〇）說：

> 言順天地之氣與其數。（註三六）

天地之氣與數是宇宙的和諧與秩序。樂的和與禮的節之所以因順天地之氣與其數，實由於聖人依據天地陰陽之氣以辨十二個月，復依據十二個月和數的配合以定十二律，於是「百度得數而有常」。（註三七）

> 然後發以聲音，而文以琴瑟……動四氣之和……八風從律而不姦，百度得數而有常。小大相成，終始相生。倡和清濁，迭相爲經。（註三八）

陳暘說：

> 十有二律之寸，而黃鍾稱是焉。蓋天之中數五，地之中數六，五六相合而生黃鍾。黃鍾，子之氣，十一月建焉，而辰在星紀，其數八十一。大呂，丑之氣，十二月建焉，而辰在玄枵，其數七十六。太簇，寅之氣，正月建焉，而辰在娵訾，其數七十二。夾鍾，卯之氣，二月建焉，而辰在降婁，其數六十八。姑洗，辰之氣，三月建焉，而辰在大梁，其數六十四。仲呂，巳之氣，四月建焉，而辰在實沈，其數六十。蕤賓，午之氣，五月建焉，而辰在鶉首，其數五十七（註三九）。林鍾，未之氣，六月建焉，而辰在鶉火，其數五十四。夷則，申之氣，七月建焉，而

辰在鶉尾，其數五十一。南呂，酉之氣，八月建焉，而辰在壽星，其數四十八。無射，戌之氣，九月建焉，而辰在大火，其數四十五。應鍾，亥之氣，十月建焉，而辰在析木，其數四十二。是先王因天地陰陽之氣辨十有二辰，即十有二辰生十有二律。其長短有度，其多寡有數，而天下之度數出焉。要之皆黃鍾以本之也。《傳》曰：律所以立均出度。揚雄曰：泠竹爲管，室灰爲候，以揆百度。百度既設，濟民不誤。然則百度得數而有常，豈不原於十二律邪？（註四〇）

由此可見十二律由數與干支以及十二個月的配合，而昭示宇宙的節奏與和諧。（註四一）

十二律以黃鍾爲首。依據黃鍾之律或損或益，便可定出五聲。

宮爲君，商爲臣，角爲民，徵爲事，羽爲物。五者不亂，則無怗懘之音矣。（註四二）

陳暘說：

古者考律均聲，必先立黃鍾以本之。黃鍾之管以九寸爲度，觸類而長之：數多者上生而有餘，數少者下生而不足，一損一益皆不出三才之數而已。故叁分益一，上生之數也；叁分損一，下生之數也。今夫樂始於聲，聲始於宮。宮，土音也。其數八十一，其聲最大而中……叁分宮數損一而下生徵。徵，火音也。其數五十四，其聲微清而生變……叁分徵數益一而上生商。商，金音也。其數七十二，其聲則濁而下次於宮……叁分商數損一而下生羽。羽，水音也，其數四十八。其聲最清，……叁分羽數益一而上生角。角，木音也，其數六十四。其聲一清一濁。（註四三）

十二律本由器數的損益而成。五聲既依據黃鍾之律而加以損益，可見五聲的制定也是根據器數的變更而決定。（註四四）

依據黃鍾以審五聲，這便是所謂「審一以定和」。

故樂者，審一以定和。（註四五）

朱熹說：

五聲之序，宮最大而沈濁，羽最細而輕清，商之大次宮，徵之細次羽，而角居四者之中焉。然世之論中聲者，不以角而以宮，何也？曰：凡聲陽也，自下而上，未及其半，則屬於陰而未暢，故不可用。上而及半，然後屬於陽而始和，故即其始而用之以爲宮。因其每變而益上，則爲商、爲角、爲變徵、爲羽、爲變宮，而皆以爲宮之用焉。……蓋以其正當衆聲，和與未和，用與未用，陰陽際會之中，所以爲盛。若角則雖當五聲之中，而非衆聲之會，且以七均論之，又有變徵以居焉，亦非五聲之所取正也。然其聲之始和者，推而上之，亦至於變宮而止耳。自是以上，則又過乎輕清，而不可以爲宮。於是就其兩間而細分之，則其別又十有二。以其最大而沈濁者爲黃鍾，以其極細而輕清者爲應鍾。及其旋相爲宮，而上下相生，以盡五聲二變之用，則宮聲常不越乎十二之中，而四聲者或時出於其外，以取諸律半聲之管，然後七均備而一調成也。黃鍾之與餘律，其所以爲貴賤者亦然。若諸半聲以上，則又過乎輕清之甚，而不可以爲樂矣。蓋黃鍾之宮，始之始，中之中也。十律之宮，始之次而中少過也。應鍾之宮，始之終而中已盡也。

諸律半聲過乎清，始之外而中之上也。半聲之外，過乎輕清之甚，則又外之外，上之上，而不可以爲樂者也。由是論之，則審音之難，不在於聲而在於律，不在於宮而在於黃鍾。蓋不以十二律節之，則無以著夫五聲之實，不得黃鍾之正，則十一律者，又無所受以爲本律之宮也。（註四六）

孫希旦說：

愚謂朱子此辨，所以發明中聲之義者，最爲詳盡。而西山蔡氏亦曰：律者，致中和之用，寫其所謂黃鍾一聲而已。雖有十二律六十調，然實一黃鍾也。觀於此，則所謂審一以定和者可識矣。（註四七）

依據黃鍾的度數以審五聲，從而衡定樂之和，可見數是樂達到諧和的關鍵。（註四八）按樂的協和音（Konsonanz）包括：八階（Oktave）、五階（Quint）、四階（Quarte）等。中國古代十二律中的五階，它的數是三．五〇九七七。（註四九）

依據數以審定中和之音，然後可以感受天地之氣。這是所謂「候氣」。武則天撰《樂書要錄》，其中引《禮記月令疏解》以注解「審飛候」，說：

孟春之月，律中太簇。《註》云：律，候氣之管也。以銅爲之。中，猶應也。孟春氣至，則太簇之律應。應，謂吹灰也。《正義》曰：應，謂吹灰者，蔡邕云：爲室三重，戶閉塗亹必周，密布緹縵室中，以木爲案。每律各一案，內庳外高，從其方位，加律其上，以葭灰實其端。其月氣至，則灰飛而管通也。如蔡所云，則是爲十二月律，布室內二十辰。若其月氣至，則其辰之管灰飛而管空也。然則十二律各當其辰，以埋地下：入地處庳，出地處高。黃鐘之管埋於子位上頭，向南以外諸管，推之可悉。又《律書》曰：以河內葭莩爲灰，宜陽金門山竹爲管。熊氏云：案禮祕吹灰者，謂作十二管於室中，四時位上埋之，取蘆莩燒之作灰，而實之律管中，以羅縠覆之。氣至則吹灰動縠矣。小動爲氣和……。（註五〇）

總之，樂律的根本概念是以天地自然之數爲依據，以規定長短之形和眞積，由是發出中和之音而感受天地之氣。上文引《樂記》說聖人作樂而「動四氣之和」，乃由於「百度得數而有常」（註五一），正可於此得其正解。

聖人依據數以定樂之和，不止於「動四氣之和」，還足以合天地生氣之和。

是故先王……稽之度數，制之禮義，合生氣之和。……故曰：樂觀其深矣。（註五二）

陳暘說：

求樂必自五音始，求五音必自黃鍾始。自黃鍾之長而以黍累之，則別於分，忖於寸，蒦於尺，張於丈，信於引，而五度審矣。自黃鍾之數而以一推之，則紀於一，協於十，長於百，大於千，衍於萬，而五數備矣。然度數之在天下，被之於文，則久而必息；寓之節奏，則久而必絕，要在稽之而已。稽之勿疑，則其數足以正其度，而音正矣。既稽之度數，使百度得數而有常，又制之禮義，使百體齊運而順正。其大足以合天地生氣之和而不乖。……今夫至陽赫赫，至陰肅

肅，赫赫應乎地，肅肅出乎天，兩者交通成和而物生焉者，生氣之和也。樂有以合而同之。（註五三）

陳澔（一二六一～一三四一）說：

度數，十二律上生下生損益之數也。……生氣之和，造化發育之妙也。（註五四）

聖人依據度數以作樂而合天地生氣之和，可見樂（包括禮）以數昭示了宇宙造化發育的奧妙。（註五五）

(二)禮樂由聖人之盛德昭示宇宙的生化

禮樂的制作，如從主觀方面說，則是聖人盛德的反映。

王者功成作樂，治定制禮。其功大者，其樂備；其治辯者，其禮具。干戚之舞，非備樂也；孰亨而祀，非達禮也。……樂極則憂，禮粗則偏矣。及夫敦樂而無憂，禮備而不偏者，其唯大聖乎？（註五六）

鄭玄說：

樂以文德爲備，若《咸池》者。孔子曰：《韶》盡美矣，又盡善也。謂《武》，盡美矣，未盡善也。（註五七）

孔穎達說：

樂備，謂文德備具，不備，謂干戚之舞矣。禮具，則血腥而祭；不具，謂孰亨而祀。言禮樂之體皆以德爲備具也。……干戚非備樂，明以文德爲備，故云若《咸池》者。下文云：《咸池》備矣，是也。引《論語》舜以文德爲備，故云《韶》盡美矣，謂樂音美也；又盡善也，謂文德具也。虞舜之時，雜舞干羽於兩階，而文多於武也。謂《武》盡美矣者，《大武》之樂，其體美矣，下文說《大武》之樂是也。未盡善者，文德猶少，未致太平。……《禮運》云：薦其血毛，謂上古也；腥其俎，孰其殽，謂中古也；退而合亨，謂三王也。是上代質，用血腥；次代文，用亨孰，故引《郊特牲》：郊血大饗，腥三獻，爓一獻，孰以結之。是卑者爓孰，尊者血腥。尊者禮具，卑者不具。然三王之世，禮文煩多。五帝之時，禮文簡略。今以上世爲具禮，下世爲不具禮者，禮之所具在於德：上代禮文雖略，德備也；下代禮文雖煩，德不具也。（註五八）

禮樂的制作既然是聖人盛德的反映，那麼，當聖人充分表現了他的至德的光輝，便足以用樂（禮）昭示宇宙萬物之理。

然後發以聲音，文以琴瑟，動以干戚，飾以羽旄，從以簫管，奮至德之光……以著萬物之理。（註五九）

陳暘說：

發以聲音，文以琴瑟，堂上之樂也；動以干戚，飾以羽旄，從以簫管，堂下之樂也。琴瑟作於堂上，像廟朝之治；簫管作於堂下，像萬物之治，則德自此顯，足以奮至德之光。……夫然，則可以贊化育而與天地參矣。萬物之理何微而不著乎？（註六〇）

陳澔說：

《大章》之章，《咸池》之備，《韶》之繼，皆聖人極至之德發於樂者，其輝光猶若可見也。《書》言光被四表，光天之下，皆所謂至德之光也。（註六一）

孫希旦說：

聖人之至德，著於外而有光輝，樂以象之，而至德之光奮矣。（註六二）

所以從主觀方面說，聖人由本身的盛德以作樂，從而昭顯了宇宙萬物之理。

四、怎樣見得禮樂昭示了宇宙的原理？

上文討論禮樂昭示了宇宙的根本原理。此根本原理有體有用。禮樂所昭示的是由用以顯體。所以從禮樂昭示了宇宙根本原理的「作用」，便見得禮樂昭示了宇宙的原理。禮樂昭示宇宙根本原理之用，可分兩個層次來說：

㈠禮樂昭示宇宙萬物不失其道理和秩序

大樂與天地同和，大禮與天地同節。和故百物不失，節故祀天祭地。明則有禮樂，幽則有鬼神。（註六三）

朱熹答「明則有禮樂，幽則有鬼神」之問，說：

禮主減，樂主盈。鬼神亦只是屈伸之義。禮樂鬼神一理。（註六四）

又說：

明則有禮樂，幽則有鬼神。禮樂是可見底，鬼神是不可見底。禮是收縮節約底，便是鬼；樂是發揚底，便是神。（註六五）

禮主減而收縮節約，故足以昭示鬼之屈；樂主盈而發揚開放，則足以昭示神之伸。朱熹答同一問題時，說：

此是一箇道理。在聖人制作處便是禮樂，在造化（功用）處便是鬼神。（註六六）

鬼神是天地造化的功用。禮樂既昭示鬼神，則禮樂便昭示了天地造化的功用。

孫希旦說：

天地有自然之和，而大樂與天地同其和；天地有自然之節，而大禮與天地同其節。百物不失者，百物得和以生，各保其性也。祀天祭地者，萬物得節以成，本其功於天地而報之也。鬼神者，天地之功用，自然之和節也。禮樂者，聖人之功用，同和同節者也。鬼神體物而不遺，禮樂體事而無不在。二者一明一幽，同運並行，故能使四海之內，無不得其節而合於敬，無不得其和而同於愛也。（註六七）

聖人以禮樂昭示鬼神，只是顯示天地造化的功用的一面。如擴大而言，則百物得天地之和以生，樂與天地同和，即以此和昭示萬物不失其道理。萬物得天地之節以成，禮與天地同節，即以此節昭示萬物不失其秩序。禮樂依天地自然之和與節，以昭示天地萬物不失其道理與秩序，即表示禮樂恰如其分，而無所勝。

　樂勝則流，禮勝則離。（註六八）

朱熹答學生問此語，說：

　這正在勝字緊要。只才有些子差處，則禮失其節，樂失其和。蓋這些子正是交加生死岸頭。又云：禮樂者，皆天理之自然。節文也是天理自然有底，和樂也是天理自然有底。然這天理本是儱侗一直下來，聖人就其中立箇界限，分成段子：其本如此，其末亦如此；其外如此，其裏亦如此，但不可差其界限耳。才差其界限，則便是不合天理。所謂禮樂，只要合得天理之自然，則無不可行也。（註六九）

聖人使禮樂不差其界限，而合同於天理，這雖然表示聖人以禮樂昭示天地萬物不失其道理與秩序時，已能順其自然，而不以人爲法則凌駕於自然法則之上；但既然使「此」合同於「彼」，則難免有主客彼此之分。陳暘說：

　天地之氣春夏與物交而爲和，秋冬與物辨而爲節。和則有聲，而大樂出焉；節則有形，而大禮出焉。樂之本，出於天地自然之和；禮之本，出於天地自然之節，而其用實同之：故同於和者，和亦得之；同於節者，節亦得之，非成天地之能而官之者也。故可名於大矣。乃若樂者，天地之和；禮者，天地之序，則直與之爲一，非特同之而已。同之與《易》所謂與天地相似同意，與《易》所謂與天地準同意。《中庸》言溥博如天，淵泉如淵，繼之淵淵其淵，浩浩其天，豈不終始一致歟？樂以統同，其和則百物不失；禮以辨異，其節則祀天祭地。《易》曰：乾道變化，各正性命，保合大和，乃利貞。和故百物不失之謂也。孔子曰：非禮無以節祀天地之神，節故祀天祭地之謂也。天神遠人而尊，致禮以祀之，是以道寧之也；地示近人而親，致禮以祭之，是以物接之也。或致道以寧之，或備物以接之，非特報其生成百物之功而已，亦所以寓節莫重於祭之意也。均是和也，或謂百物不失，或謂百物皆化者，蓋樂也者，道天地冲氣之和，所以合天地之化，百物之產者也，故其大，與天地同和；其妙，爲天地之和。與天地同和，其功淺，故止於百物不失；爲天地之和，其功深，故至於百物皆化。自天地訢合，陰陽相得，至胎生者不殰，卵生者不殈，所謂百物皆化也。百物不失，則不能與此，特不失其道理而已。故《詩・序》曰：崇丘廢則萬物失其道理矣。（註七〇）

聖人以樂之和昭示萬物不失其道理，這反映聖人之樂只是與天地同其和而已。從這裏可以看出聖人作樂的功用還淺，還未昭示天地化育萬物的妙用。同理，聖人以禮之節昭示萬物不失其秩序，這反映聖人之禮只是與天地同節而已。從這裏也足以看出聖人制禮的功用不深，還未徹底昭示天地生化萬物的奧妙。

(二)禮樂昭示宇宙化育萬物的妙用

聖人的禮樂如果徹底昭示了天地化育的妙用，那麼，樂即是天地之和，禮即是天地之序。禮樂直截與天地爲一，不只是與天地同和同節而已。

樂者，天地之和也；禮者，天地之序也。和，故百物皆化；序，故群物皆別。（註七一）

陳暘說：

至陰肅肅，至陽赫赫。肅肅出乎天，赫赫發乎地，兩者交通而成者，天地之和也，樂實與之俱焉。天尊地卑，神明位矣，以春夏先，秋冬後，四時序矣。天地至神而有尊卑先後者，天地之序也，禮實與之俱焉。是樂者，天地之和；禮者，天地之序。和則不乖，故百物因形移易而皆化；序則不亂，故群物萌區有狀而皆別。樂之敦和，禮之別宜，亦如此而已。天無爲以之清，地無爲以之寧。兩無爲相合，萬物以化，而至樂得矣。和故百物皆化之謂也。天高地下，萬物散殊，而禮制行矣，序故群物皆別之謂也。（註七二）

天地無爲而萬物以化。天地既然如此，那麼，聖人取法天地以制禮作樂，又怎能自外於天地？

天尊地卑，君臣定矣。卑高已陳，貴賤位矣。動靜有常，小大殊矣。方以類聚，物以群分，則性命不同矣。在天成象，在地成形。如此則禮者，天地之別也。地氣上齊，天氣下降，陰陽相摩，天地相蕩，鼓之以雷霆，奮之以風雨，動之以四時，煖之以日月，而百化興焉。如此則樂者，天地之和也。化不時，則不生；男女無辨，則亂升，天地之情也。及夫禮樂之極乎天而蟠乎地，行乎陰陽而通乎鬼神，窮高極遠而測深厚。（註七三）

鄭玄說：

言禮樂之道，上至於天，下委於地，則其間無所不之。（註七四）

陳暘說：

禮樂之道，建神而天之，有以極乎天之所覆，觸地而田之，有以蟠乎地之所載。與陰陽延其化，行之於無止；與鬼神即其靈，通之於不窮。窮高極遠，其運無乎不在也；測深與厚，其至無乎不察也。由是觀之，禮樂之道，其可以方體求耶？黃帝張《咸池》之樂於洞庭之野，充滿天地，包裹六極，上極乎天，下蟠乎地也。陰陽調和，流光其聲，行乎陰陽也。鬼神守其幽，通乎鬼神也。動於無方，居於杳冥，窮高極遠向測深厚也。言樂如此，則禮可知矣。窮高極遠，況下且近者乎？測深與厚，況淺且薄者乎？（註七五）

禮樂與天地的無爲而與俱。天地無爲而百物皆化，那麼，禮樂之道無所不之，難道還可以用「方體」形容？

是故大人舉禮樂，則天地將爲昭焉：天地訢合，陰陽相得，煦嫗覆育萬物，然後草木茂，區萌達，羽翼奮，角觡生，蟄蟲昭蘇，羽者嫗伏，毛者孕鬻，胎生者不殰，而卵生者不殈，則樂之道歸焉耳！（註七六）

陳暘說：

天地者，萬物之父母也；陰陽者，萬物之男女也。天地訢合而化醇，陰陽相得而化生，其於煦嫗覆育萬物也何有？自物之無情者言之，草木則皆茂，區萌則上達。自物之有情言之，羽翼奮，則凡排空而飛者舉矣。角觡生，則凡摭實而走者舉矣。蟄蟲昭蘇，則鱗介之物遂矣。羽者嫗伏，毛者孕鬻，則羽毛之物蕃矣。九竅者胎生，無內敗之殰。八竅者卵生，無外裂之殈，則樂之道歸是矣。蓋有生不生，有化不化。不生者能生生，不化者能化化。然則所謂樂之道，豈非不生而生生，不化而化化者邪？經曰：樂者，天地之和，和故百物皆化。……則羽者嫗伏，毛者孕鬻，百物皆化之意也。……樂之於物如此，則凡變而有所致，且得無是理哉！（註七七）

陳澔說：

凡物皆得自生自育而無所害者，是皆歸於聖人禮樂參贊之道耳！（註七八）

禮樂之道不可以方體求，不過說明：禮樂之道所以昭示天地不生而生生，不化而化化的妙用。天地生化的妙用既顯，由此即可見禮樂昭示了宇宙之道，從宇宙方面說，則宇宙之道也寄在禮樂之中。（註七九）

五、結　語

宇宙以生化原理昭示聖人，聖人依據它來制作禮樂，更以禮樂之道昭示宇宙生化的原理（註八〇），最終構成一天人合一的人生最高境界。這是人對宇宙的藝術化和價值化。人之所以如此，一方面在使禮樂的藝術性和價值得以超越而具普遍性，使它們永遠縈迴環繞而顯現於人文世界。另一方面，則使在天地生化妙用中所呈現的自然事物不只是一存在的事實，而同時具有藝術的意義和價值。

聖人的禮樂與天地爲一。在天人合一的藝術境界中，沒有人和天的主客對立，宇宙萬物渾然忘我而融爲一體。（註八一）這是一至美的藝術境界。這一至美的藝術境界旣不以爲人爲的秩序高於自然現象本身的秩序，那麼，人深入於自然之中，剝落理智的活動，由此即可開出後世所謂「以物觀物」的審美形態。（註八二）美在此有它的獨立的意義。

《樂記》所描述的禮樂與天地合一的藝術境界很微妙，它值得注意的地方有二：第一，這一境界從表面上看，似乎可與道家的忘我的形而上藝術境界相通。（註八三）但道家的忘我的形而上藝術境界並不由禮樂達到。道家不似《樂記》所說：人之聖者由於能明於天地之道而制作禮樂，於是使天地之道寄在於禮樂制作之中。道家卻以爲能明於天之道者，高於能明於人爲的禮樂。所以道家鄙視禮樂的人文價值。（註八四）道家的聖人「觀於天而不助」（註八五），更說不上制作禮樂以達到忘我的藝術境界。

第二，《樂記》這一藝術境界美則美矣，但它的獲得如果只是聖人主觀地取象於天地，或客觀地依據自然之數，則都容易流爲自然主義，於是禮樂將喪失它的人文意義和價值。如荀子即主張禮義生於聖人之僞，非故生於人之性。（註八六）禮義之根不內在於人性，而落在聖人之僞。聖人之僞如果不至於流爲主觀虛構，則必根據事物變化的自然之理。所以荀子講禮義終必落於自然主義而導致禮義價值的喪失。（註八七）但《樂記》講聖人制作禮樂，並不止於主觀地取法於天地，或客觀地依據自然之數。《樂記》以爲禮樂不但反映聖人的盛德，而且禮樂也由聖人本乎人情而制作。（註八八）禮樂既然同時立根於人性，於是人的生命意義得以保住；禮樂在人文世界的價值也得以保持。從這個地方可以明顯地看出《樂記》的美學思想仍然未乖離儒家美善合一的規範。

【附註】

註　一：拙作《樂記的人生論美學》（香港大學中文系於一九八九年十二月六至八日舉辦《中國學術研究之承傳與創新研討會》論文）。

註　二：《禮記・樂記》卷三十七，頁一六〇六。見《十三經注疏(六)・禮記正義》（北京：中華書局，一九五七年重印）。

註　三：《禮記正義》卷三十七，頁一六〇六。見《十三經注疏(六)》（北京：中華書局，一九五七年重印）。

註　四：陳澔《禮記集說》（明福建巡按吉澄刊本），卷十八，頁一四a引。

註　五：《禮記訓義》，卷十四，頁九a～一〇a見《樂書》（四庫全書文淵閣本）。

註　六：同註二。

註　七：同註三，頁一六〇六～一六〇七。

註　八：同註五，卷十四，頁一〇b～一一a。

註　九：《禮記集解》，卷三十七，頁三五。見《萬有文庫，第一集》。

註一〇：同註二，頁一五九九。

註一一：同註二，頁一五九九～一六〇〇。

註一二：同註三，頁一六〇〇。

註一三：同註二，頁一六三一。

註一四：西方的模仿論，有一派講求追隨「超自然理念」，以為理念既存在於藝術家心靈之中，又存在於世界之外。如依《樂記》之思理，則此理念不存在於世界之外，故與模仿論不同。參考劉若愚（James J.Y. Liu）*Chinese Theories of Literature*（Chicago and London：The University of Chicago Press, 1975），pp.47-48. 按劉氏此書有中文譯本，見田守眞等譯《中國的文學理論》（成都：四川人民出版社，一九八七）。

註一五：同註二，頁一六三六。

註一六：同註五，卷二十，頁三 a。

註一七：同註二，頁一六〇三。

註一八：同註五，卷十四，頁二 a。

註一九：《三禮考注》。見丁克卿《周禮要義》（明嘉靖四十一年原刊本）引。按《三禮考注》，舊本題吳澄撰。永瑢等以為僞託，見《四庫全書總目》（北京：中華書局，一九八一），卷二十五，頁二〇〇。

註二〇：子夏答魏文侯問樂，以鄭、衛等國之樂是「溺音」而不是「樂」，即由於鄭、衛等國之音不遵循宇宙自然之典型而失其諧和的緣故。參考Kenneth J. De Woskin, *A Song for One or Two：Music & the Concept of Art in early China*（Ann Arbor：Center for Chinese Studies, The University of Michigan, 1982）, p.179.

註二一：同註二，頁一六〇三。

註二二：同註三，頁一六〇三。

註二三：瓦德比德（Walter Pater）以爲音樂聯繫宇宙各種不同的動力。這種動力生生不已，構成一合理秩序的統一體。參考氏著 *Plato & Platonism*（London & New York：Macmillan & Co., 1910），pp.17-18.

註二四：同註四，卷十八，頁一二a。

註二五：同註二，頁一五九四～一五九五。

註二六：同註二，頁一五九七。

註二七：此一創新的意義略近於柏格森（Henri Bergson 1859-1941）所說的創化。參考氏著，*L' Évolution Creatrice*,（Paris, 1907），Translated by Arthur Mitchell as *Creative Evolution*（New York, 1911），passim.

註二八：同註二，頁一六〇六。

註二九：牟宗三《周易的自然哲學與道德函義》（臺北：文津出版社，一九八八），頁四〇一～四〇四。

註三〇：漢斯立克（Eduard Hanslick, 1825-1904）否定音樂同自然界實體的聯繫。他強調「自然界卻沒有可做爲音樂摹擬對象的事物」。見Gustav Cohen（tr.），*The Beautiful in Music*（New York：The Liberal Arts Press, 1957）p.112. 按漢斯立克此說是由於堅持音樂徹底的自律性的論斷。

註三一：馮文慈點注，《律學新說》（北京：人民音樂出版社，一九八六），卷一，頁一九。

註三二：《律呂精義》，序。見《樂律全書》（上海：商務印書館萬有文庫本，一九三一）。

註三三：《律學新說・序》，同註三一，頁一。

註三四：關於中國古代律學的研究，除朱載堉的《樂律全書》外，近人的著作，可參考黃翔鵬《中國古代律學——一種具有民族文化特點的科學遺產》見《音樂研究》，一九八三年第四期。

註三五：同註二，頁一五九七。

註三六：同註三，頁一五九七。

註三七：樂之和同與禮之節異，相反而相成。《樂記》有時以樂爲主，而概括禮爲說。

註三八：同註二，頁一六三一～一六三二。

註三九：按「其數五十」以上文字原闕，據光緒丙子刊本補。

註四〇：同註五，卷十八，頁七b～八a。

註四一：參考《史記・律書》二十五（北京：商務印書館，一九五八縮印百衲本），頁四〇三～四〇五。

註四二：同註二，頁一五八七。

註四三：同註五，卷九，頁三a～四a。

註四四：參考《漢書・律歷志・上》二十一（北京：商務印書館，一九五八縮印百衲本），頁一九三。

註四五：同註二，頁一六七六。

註四六：《晦庵先生朱文公文集》卷七十二，頁一二七三。見《四部備要・子部・〇五八朱子大全（下）》。

註四七：同註九，頁七一。

註四八：希臘的畢達哥拉斯（Pythagoras）以爲人們只能從數去尋找樂的諧和。參考Burnet, J. *Greek Philosophy: Part I, Thales to Plato* (London, 1928), Vol. 1, p.45; Gorman P., *Pythagoras: A Life* (London, 1979), p.163.

註四九：希臘的五階之數也是一樣。參考，王光祈《東西樂制之研究》（上海：中華書局，一九三六），自序。關於十二律管長短廣狹內外周徑的眞數的算法，參考，牟宗三《周易的自然哲學與道德函義》，頁三八九～三九六。

註五〇：《樂書要錄》（臺灣：藝文印書館《百部叢書集成》據光緒八年上海黃氏重刻日本天瀑山人林衡輯刊佚存叢書本影印），頁二〇b～二一a。

註五一：同註二，頁一六三一～一六三二。

註五二：同註二，頁一六二七～一六二八。

註五三：同註五，卷十六，頁八b～九a。

註五四：同註四，卷十八，頁一七b。

註五五：唐君毅《中華人文與當今世界・上》（臺北：學生書局，一九七八）頁三四八～三四九。

註五六：同註二，頁一六〇〇～一六〇一。

註五七：同註三，頁一六〇一。

註五八：同註三，頁一六〇二。關於《韶》、《武》和道德的聯繫，參考拙作《孔子的美學思想——對樂的鑒賞》，見劉述先編《儒家倫理研討會論文集》（新加坡：東亞哲學研究所，一九八七），頁二〇八～二一五。

註五九：同註二，頁一六三一。
註六〇：同註五，卷十七，頁九b～一〇a。
註六一：同註四，卷十八，頁二〇a～二〇b。
註六二：同註九，卷三十八，頁四三～四四。
註六三：同註二，頁一五九七。
註六四：《朱子語類》（北京：中華書局，一九八六），卷八十七，頁二二五四。
註六五：同上，頁二二五四。
註六六：同註六三，頁二二五四。按陳澔引朱子此語，在「造化」下有「功用」二字。同註四，卷十八，頁八b。
註六七：同註九，卷三十七，頁三〇。
註六八：同註二，頁一五九五。
註六九：同註六四，卷八十七，頁二二五三。
註七〇：同註五，卷十一，頁九a～一〇a。
註七一：同註二，頁一五九九。
註七二：同註五，卷十二，頁五b～六a。
註七三：同註二，頁一六〇四～一六〇六。
註七四：同註三，頁一六〇六。

註七五：同註五，卷十四，頁八a～八b。

註七六：同註二，頁一六三八。

註七七：同註五，卷二十二，頁四a～四b。

註七八：同註四，卷十八，頁二五a。

註七九：唐君毅《中國哲學原論・原道篇・卷二》（香港：新亞研究所，一九七六），頁一二五～一二六。

註八〇：《樂記》這一宇宙論美學對後世影響很大。如劉勰總結文學上的形而上觀念，在他的《文心雕龍・原道》說：「道沿聖以垂文，聖因文而明道」見范文瀾《文心雕龍注》（臺北：開明書店，一九五八）頁二a。但現代學者對《樂記》這一宇宙論美學卻不甚措意。參考人民音樂出版社編輯部編《樂記論辯》（北京：人民音樂出版社，一九八三）。

註八一：這種天人合一，物我渾化的境界不可與「人化物」混爲一談。《樂記》：「夫物之感人無窮，而人之好惡無節，則是物至而人化物也。人化物也者，滅天理而窮人欲者也。」同註二，頁一五九三。按物我渾化是人的精神生命的升進，人化物則是人的精神的墮落。

註八二：以物觀物是邵雍說的。參考《皇極經世・卷十一之下・觀物篇》，見《道藏・第七一八冊》（上海：涵芬樓一九二五年影印）。按以物觀物的審美形態在中國文藝和美學上具有獨特的意義。參考劉若愚 ***Chinese Theories of Literature***，同註一四，頁三〇～三六；葉維廉《飲之太和》（臺北：時報文化出版事業有限公司，一九八〇），頁一四～一五。

註八三：道家忘我的形而上藝術境界即莊子所謂「心齋」和「坐忘」。《莊子．人間世》：「若一志，無聽之以耳，而聽之以心。無聽之以心，而聽之以氣。耳止於聽（本作聽止於耳，依俞樾校改），心止於符，氣也者，虛而待物者也。唯道集虛。虛者，心齋也。」（中華書局《四部備要》本，卷二，頁七a。）《莊子．大宗師》「顏回曰：回益矣。仲尼曰：何謂也？曰：回忘仁義矣。曰：可矣，猶未也。它日，復見，曰：回益矣。曰：何謂也？曰：回忘禮樂矣。曰：可矣，猶未也。它日，復見，曰：回益矣。曰：何謂也？曰：回坐忘矣。仲尼蹴然曰：何謂坐忘？顏回曰：墮枝體，黜聰明，離形去知，同於大通，此謂坐忘。（同上，卷三，頁一四a～一四b）。

註八四：《莊子．馬蹄》：「吾意善治天下者不然。彼民有常性……是謂同德。一而不黨，命曰天放。故至德之世，其行塡塡，其視顚顚。……及至（後世）聖人，……澶漫爲樂，摘僻爲禮，而天下始分矣。……性情不離，安用禮樂！」（同註八三），卷四，頁七a～七b。）

註八五：《莊子．在宥》，同註八三，卷四，頁二一a～二一b。

註八六：《荀子．性惡》（北京：中華書局《諸子集成》本，一九五七年重印），頁二九一。

註八七：牟宗三《荀學大略》（臺北：中央文物供應社，一九五三），頁二六。

註八八：同註一。

（新加坡國立大學中文系於一九九一年六月十八日至廿一日主辦《漢學研究之回顧與前瞻國際會議》，本文即據提呈大會之論文增益潤色而成）。

柒、陳暘《樂書・禮記（樂記）訓義》（四庫全書文淵閣抄本）補遺

序

宋陳暘撰《樂書》，其中《禮記訓義》（卷八至卷三十二）對《樂記》義理的闡析，至為精當，甚值得後代研究《樂記》學者的注意。惜該書《四庫全書》文淵閣抄本於上述卷數中，有多處闕漏，學者或感不便。一九八八年春，乘休假之暇，獲得機緣赴美國新澤西州普林史頓大學東亞學系研究，讀書於Gest 圖書館。因據該館所藏美國國會圖書館攝製前北平圖書館善本書膠片及光緒丙子（一八七六）刊本，將陳氏《樂記訓義》的數處闕文補足，聊盡後學之責而已。

第一處：四庫全書文淵閣抄本（卷十頁五b至七b）原闕，據普林史頓大學Gest 圖書館所藏美國國會圖書館攝製前北平圖書館善本書膠片（卷十頁三b至四a）補：

隱之為仁，羞惡之為義，是非之為智，辭遜之為禮，此知性之本也。知耳之欲聲，目之欲色，鼻之欲臭，口之欲味，此知性之欲也。知性之本，循而充之為君子；知性之欲，循而充之為小人。孟子道性

善，爲君子言之；荀子道性惡，爲小人言之；揚子道善惡混，並與兩端而言之；韓愈操三品之說，而以謂與生俱生，亦未爲知本者焉。別之，則禮制而樂作；合之，則禮亦可以言作，聖人作爲禮以教人，是也。樂亦可以言制，下言夔始制樂，是也。謂之先王制禮樂，不亦可乎？

物至知知，然後好惡形焉。好惡無節於內，知誘於外，不能反躬，天理滅矣。夫物之感人無窮，而人之好惡無節，則是物至而人化物也。人化物也者，滅天理而窮人欲者也。於是有悖逆詐僞之心，有淫泆作亂之事。是故強者脅弱，衆者暴寡，智者詐愚，勇者苦怯，疾病不能養，老幼孤獨不得其所，此大亂之道也。

人之於物，以喜心感者而好形焉，以怒心感者而惡形焉。好惡形，非由中出也，以物自外至，吾有以知之而已。然物之感人無窮，而人之好惡無節。好惡無節於內，而知誘於外，則觀物弗之察，不能以道制欲而反躬，有至以欲忘道而滅天理，則是物至而人化物矣。天理幾何而不滅，人欲幾何而不窮乎？老子曰：開其兌，濟其事，終身不救。職此之由也。天理滅，則人之良心亡矣。彼生於其心者，安得無悖逆詐僞者乎？人欲窮，則人之美行喪矣。彼發於其事者，安得無淫泆作亂之事者乎！夫然，則弱者無所恃，而爲強者之所脅；寡者無所附，而爲衆者之所暴；愚者無所施，而爲智者之所詐；怯者無所立，而爲勇者之所苦；疾病不

第二處：四庫全書文淵閣抄本（卷十七頁五b至七b）原闕，據光緒丙子刊本（卷十七頁四b至六a）補：

也。凡姦聲感人，而逆氣應之。逆氣成象，而淫樂興焉。則新樂之發，非治世之音也。正聲感人，而順氣應之。順氣成象，而和樂興焉。則古樂之發，非亂世之音也。今夫命有正、有不正；性有善、有不善；道有君子、有小人；德有凶、有吉。然則聲有姦正，氣有逆順，樂有淫和，不亦感應自然之符耶？聲之姦正既異其所倡，則氣之逆順亦異其所和，可謂倡和有應矣。逆氣成象，而淫樂興；順氣成象，而和樂興，可謂回邪曲直，各歸其分矣。凡此非特人爲然，萬物有成理而不說，亦莫不各以氣類相感動也。古之人當春而叩商弦以召南呂，涼風忽至，草木成實。及秋而叩角弦以激夾鍾，溫風徐回，草木發榮。當夏而叩羽弦以召黃鍾，雪霜交下，川池暴沍。及冬而叩徵弦，以激蕤賓，陽光熾烈，堅冰立散。終歲命宮而總四弦，則景風翔，慶雲浮，甘露降，澧泉湧。以至瓠巴鼓琴而鳥舞魚躍，師曠奏角而雲行雨施，鄒衍吹律而寒谷黍滋，豈非萬物之理各以類相動邪？荀卿曰：凡姦聲感人，而逆氣應之。逆氣成象，而亂生焉；正聲感人，而順氣應之，順氣成象，而治生焉。唱和有應，善惡相象，故君子謹其所去就也。《樂記》本樂之和淫言之，繼之以回邪曲直，各歸其分；荀卿本世之治亂言之，繼之以善惡相象，相爲終始故也。君子於此，可不謹所感乎？

是故君子反情以和其志，比類以成其行。姦聲亂色，不留聰明；淫樂慝禮，不接心術；情慢邪辟之氣，不設於身體；使耳目鼻口心知百體皆由順正以行其義。

第三處：四庫全書文淵閣抄本（卷十八頁四a至七b）原闕，據光緒丙子刊本（卷十八頁三b至六a）補：

節八音而行八風。《白虎通》曰：八風像八卦。由此推之，八風像八卦者也，其所以擬而遂之者八音，所以節而行之者，八佾之舞而已。蓋主翔易者，坎也。故其音革，其風廣莫。爲果蓏者，艮也。故其音匏，其風融（條）。震爲竹。故其音竹，其風明庶。巽爲木。故其音木，其風清明。兌爲金。故其音金，其風閶闔。乾爲玉。故其音石，其風不周。瓦，土器也。故坤音瓦而風涼。爨，火精也。故離音絲，而風景。是正北之風從黃鐘之律，而黃鐘，冬至之氣也。東北之風從大呂太簇之律，而大呂太簇，大寒啓蟄之氣也。正東之風從夾鍾之律，而夾鍾，春分之氣也。東南之風從姑洗、仲呂之律，而姑洗、仲呂，穀雨小滿之氣也。正南之風，從蕤賓之律，而蕤賓，夏至之氣也。西南之風從林鍾、夷則之律，而林鍾、夷則，大暑處暑之氣也。正西之風從南呂之律，而南呂，秋分之氣也。西北之風從無射、應鍾之律，而無射、應鍾霜降小雪之氣也。豈非《傳》所謂樂生於風之謂乎？八方之風感於十二律如此，則順氣順之，和樂興而正聲格矣，尙何姦聲之有乎？《傳》曰：律呂不易，無姦事也。如此而已。大司樂以六律六同五聲八音六舞大合樂。凡六樂皆文之以五聲，播之以八音。大師掌六律六同以合陰陽之聲，皆文之以五聲宮商角徵羽，皆播之以八音金石土革絲木匏竹。以是求之，五色成文而不亂，文之以五聲之和也；八風從律而不姦，播之以八音之諧也；百度得數而有常，節之以十二律之度也。吳季札觀樂於魯，而曰：五聲和，八風平，節有度，守有序，盛德之所同也。五色成文而不亂，五聲和之謂也；八風從律而不姦，八風平之謂也；百度得數而有常，節有度，守有序之謂也。昔人嘗謂顓帝始作樂風承雲之樂，以效八風之音。舜以夔爲樂正，正六律，和五聲，以通八風而天下服。

此之謂歟！且古人之制聲律，蓋皆有循而體自然，不可得而損益者也，何則？五聲在天爲五星，在地爲五行，在人爲五常，以五聲可益而爲七音，然則五星之於天，五行之於地，五常之於人，亦可得而益之乎？十有二律以應十有二月之氣，以十二律可益而爲六十律、三百六十律，然則十二月之於一歲，亦可得而益之乎？劉焯以京房爲妄，田琦以何妥爲當，可謂知理矣。

百度得數而有常

凡物以三成。聲以五律，以三參五而八數成矣。人以八尺爲尋，物以八竅卵生，故凡十二律之音皆隔八生焉。道生一，則奇而爲陽。一生二，則偶而爲陰。二生三，則參和而爲冲氣，故曰三成朏月，三成時歲，三成閏。祭以三飯爲禮，喪以三踊爲節，兵重三軍之制，國重三卿之治。以三參物，而凡數成矣。故十有二律之寸，而黃鍾稱是焉。蓋天之中數五，地之中數六，五六相合而生黃鍾。黃鍾，子之氣，十一月建焉，而辰在星紀，其數八十一。大呂，丑之氣，十二月建焉，而辰在玄枵，其數七十六。太簇，寅之氣，正月建焉，而辰在娵訾，其數七十二。夾鍾，卯之氣，二月建焉，而辰在降婁，其數六十八。姑洗，辰之氣，三月建焉，而辰在大梁，其數六十四。仲呂，巳之氣，四月建焉，而辰在實沈，其數六十。蕤賓，午之氣，五月建焉，而辰在鶉首，其數五十。

第四處：四庫全書文淵閣抄本（卷十八頁十二a）原闕「上矣」二字，據光緒二年刊本補。